ファイナンス入門

秋森　弘 [著]
皆木健男

創成社

PREFACE
はしがき

　多くの大学の経済学部，商学部，経営学部などでは，金融論がカリキュラムに従来から配置されていますが，近年，証券市場の発展にともない，証券や証券市場を論じる証券経済論あるいはファイナンス論といった科目も新たに加えられるようになってきました。

　この背景として，2008年秋から問題が深刻化し100年に一度の経済危機といわれたアメリカ発金融危機などのように，現代のさまざまな金融問題を理解するためには，金融システムや金融監督のあり方についての理解だけでなく，証券や証券市場についての知識も欠かせなくなっていることがあげられます。ファイナンス論を学ぶことの意義は，今後ますます大きくなっていくことでしょう。

　しかし，理論だけでなくその分析対象である現実の証券・証券市場についても理解しておく必要があるため，大学の授業において学生が初めてファイナンス論を学ぶ際，聞きなれない用語や数式に遭遇し，難解な科目と感じてしまうことがあるようです。筆者達も，ファイナンス論の講義では難解な解説にならないように心がけていますが，このたび入門レベルの教科書を執筆する機会を頂き，講義ノートを見直す良い機会となりました。本書がファイナンスについて初めて学ぶ読者の興味を喚起し，より本格的な学習へと進んでいくための橋渡しとなれば幸いです。また，ファイナンス論は，証券アナリスト，ファイナンシャル・プランナー，証券外務員，その他経済系資格試験で出題される分野になっていますが，これらの試験合格を目指す方にとっても本書はお役に立つことができるものと思います。

　本書の構成は以下のようになります。ファイナンス論は現実に存在する証券や証券市場を分析対象とする学問ですから，まず証券とそれを利用して作られ

た金融商品の概要を第1章で紹介します。次に，第2章では証券市場の概要を紹介します。そして，第1章，第2章で学んだ知識を踏まえつつ，第3章では証券投資の概論として，証券投資にあたり最低限知っておいたほうが良いと思われる考え方について解説します。ここでは行動ファイナンスなど先端的な研究成果についても若干紹介し，証券投資について読者の興味を喚起したいと考えました。この分野を初めて学習する読者は，第1章から第3章までをまず読んで頂ければ，証券・証券市場・証券投資についての基本事項を知ることができると思います。

続く第4章以降ではファイナンス理論をみていきますが，理論解説が中心になりますので，第3章までよりは若干難しくなります。そこで，読者の理解をより確実なものとするため，適宜，練習問題を挿入しました。第4章では，ファイナンス理論を学ぶにあたって基礎となる統計・計量分析について解説します。第5章では，複数の証券に投資する際に踏まえなければならないポートフォリオ理論について解説します。第6章と第7章では，債券と株式の理論的な側面について解説します。

入門書として書かれた本書は，ファイナンス論の全体像について網羅的な解説を行いましたが，初学者にとって難解となりそうな数式の導出やトピックスは適宜省略しました。本書を読んでファイナンス論に興味を持たれた読者は，より本格的な解説書にも挑戦してみることをお勧めします。

最後に，本書執筆の機会とさまざまなサポートを与えてくださった，創成社塚田尚寛氏，西田徹氏の両名にこの場を借りてお礼申し上げます。

2009年3月

筆者を代表して

秋森　弘

CONTENTS

目　次

はしがき

第1章
主な金融商品　　1

1. 株　式 …………………………………………………… 1
2. 債　券 …………………………………………………… 3
3. 投資信託 ………………………………………………… 7
4. 金融デリバティブズ ……………………………………10
5. 証券化商品 ………………………………………………17

第2章
証券市場の現状と制度　　21

1. 間接金融と直接金融 ……………………………………21
2. 株式市場 …………………………………………………25
3. 債券市場 …………………………………………………38
4. 証券会社 …………………………………………………44

第3章
証券投資の概論　　47

1. 証券投資とマクロ経済 …………………………………………47
2. 株式投資のための基本知識 ……………………………………48
3. 投資ツールとしてみたファイナンス理論 ……………………67

第4章
統計・計量分析の基礎　　85

1. 確率変数の平均と分散 …………………………………………85
2. 回帰分析―最小二乗法 …………………………………………96
3. 統計的推定 ………………………………………………………98
4. 仮説検定 ………………………………………………………106
5. 区間推定 ………………………………………………………112

第5章
ポートフォリオの理論　　117

1. 危険資産ポートフォリオ ……………………………………117
2. 投資家の選好 …………………………………………………120
3. 安全資産と危険資産ポートフォリオ ………………………122
4. マーケット・モデル（市場モデル） ………………………124
5. 資本資産評価モデル（CAPM） ……………………………127
6. 証券特性線 ……………………………………………………131
7. 金額加重収益率と時間加重収益率 …………………………133
8. リスク調整後のパフォーマンス評価 ………………………137

第6章
債券の理論 146

1. 債券の理論価格 …………………………………………… 146
2. 債券の投資収益率 ………………………………………… 150
3. 債券投資分析 ……………………………………………… 155

第7章
株式の理論 175

1. 株式の理論価格 …………………………………………… 175
2. 株式の投資収益率 ………………………………………… 181
3. サスティナブル成長率とその応用 ……………………… 181
4. 株式の三大投資尺度 ……………………………………… 188

索　引　195

第1章
主な金融商品

　有価証券とは権利や財産価値を表示するもので，譲渡によってその有価証券が表す権利や価値を移転することができる。この章では株式と債券についてまずみていくが，どちらも資本証券とよばれる分類に属する有価証券で，これらは資本提供者の権利に対する請求権を表すものとして設計されている。

　また，金融商品には，株式・債券だけでなく，それらを基礎として作られたさまざまなものが存在する。この章では，株式・債券の概要をみた後，投資信託，金融デリバティブズ，証券化商品などについても概要を紹介する。

1．株　式

　株式（または株券）とは，企業（株式会社）が発行する出資証券のことである。株式を持つということは，その企業にお金を出資することであり，間接的にその企業の経営に参加することを意味する。企業が株式発行によって調達した資金は，企業の自己資本となり，返済の義務はない。他方，債券は，株式との対比でみると，返済の義務があり，負債として扱われる。

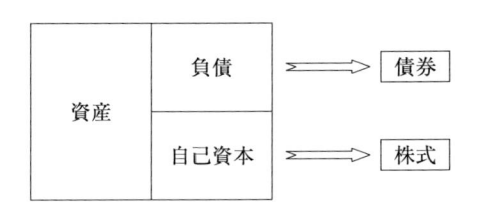

資産	負債	⇒	債券
	自己資本	⇒	株式

1-1　株主の権利

株式は株主権を表す有価証券である。代表的な株主権として，利益配当請求権，残余財産分配請求権，議決権（経営参加権）などがある。

利益配当請求権

債券と違い，株式ではあらかじめ定められた利息の支払いや元金の返済などはない。企業にとって，配当可能な利益があれば，これが株主に支払われる可能性があるのみで，支払いは義務ではない。つまり企業からみれば，企業業績と経営方針に基づいて配当を支払うだけでよい。もちろん，十分な配当が支払わなければ株価が下落し，例えば株式発行による資金調達が困難となったり，買収に遭い経営陣の解任または企業の解散を求められるなど，企業にとって不利な状況が生じる。

また，一定限度以上の配当を支払うことは法律で禁じられている。例えば，赤字企業が配当を支払うと，企業の財務内容を悪化させ，元利金を支払えなくなるなど，債権者の利益を損なうおそれがあるからである。

残余財産分配請求権

企業が解散した場合，すべての借金を支払った後，財産が残っていればその残りが株主に支払われる。つまり，利益や企業解散時点での財産の分配の順位は，株式は社債より下位に位置づけられ（これを"劣後する"という），債券者へ支払った後に残余がある場合にのみ，株主は財産を請求する権利がある。

議決権（経営参加権）

株主は株主総会に出席，企業の経営の重要な方針についての決議等に参加し，経営の意思決定に関与することができる。法律の規定により，通常は1単元株につき1票の議決権が与えられるが，単元未満株等の株主には議決権は与えられない。なお単元とは，2001年10月から企業が定款で自由に定めることのできる，証券取引所での株式の最低売買単位のことで，単元未満株は証券取

引所外で証券会社などを通して売買しなければならない。

　以上の株主権を根拠に株式の価格が決まるが，通常は，企業の解散や企業買収などを目的とした株式の売買は相対的に多くないので，利益配当請求権，つまり将来の配当受取総額を前提として株価が決定されることが多い。

1−2　株式の種類

　株主権に制限がない株式を，他の種類の株式との対比で**普通株**とよぶ。これに対し，配当の受け取りについて普通株より優先する（優先株），劣後する（後配株），議決権がない（無議決権株）など，株主の権利にさまざまな制限を加えたものや，他の種類の株式への転換条項が付与されたものなど，企業はさまざまな種類の株式を発行することができる。

2.　債　券

　債券は銀行などからの借入とほぼ同様の経済的性質を持つが，借入は法律上の有価証券ではないのに対し，債券は有価証券に分類される。
　債券は，利息の支払いや元金の返済をはじめとする各種の条件が，資金調達時の契約で定められる。したがって，債券の1つである社債の元利払いでは，資金調達後の企業業績の変動にかかわりなく，企業は契約であらかじめ定められた条件に基づく金額を支払う義務を負う。

2−1　債券の種類

　債券には，発行機関，満期までの期間，利息の支払い，元金返済方法，元利払いの優先順位，その他の条件などによってさまざまな種類に分類される。

|発行機関|

　発行機関によって元利金の支払いの確実性が異なるため，投資家にとって発

行機関の信用力は重要なポイントである。

　企業が発行する債券を**社債**，国が発行するものを**国債**，地方政府が発行するものを**地方債**とよぶ。さらに国債と地方債を合わせて**公債**，公債と社債を合わせて**公社債**ともよぶ。

満期までの期間

　元金がすべて返済される（満期）までの期間の長さは，債券価格に影響を与える。この期間が長いほど，債券価格は金利の影響を強く受け，また発行機関の経営破綻の不確実性も高まる。

　満期までの期間の長さによって，**短期債**（1年以内），**中期債**（1～5年），**長期債**（6～10年），**超長期債**（10年超）といったよび方をされるが，時間の経過とともに満期までの期間が短くなっていくので，例えば当初長期債として発行された債券であっても，時間が経過していけばいずれ短期債とよばれるようになる。満期の定めがない例外的な債券として，**永久債**とよばれるものもある。

利息の支払い

　額面（元金返済時の金額の単位，通常100円）に，債券発行時にあらかじめ定められたクーポン（利息）・レートを掛けたものが利息となる。クーポン・レートは年あたりで表示される。

　クーポン・レートが特定の率に固定されているものを**固定利付債**，レートが変動するものを**変動利付債**とよぶ。後者の変動クーポン・レートは，債券発行時にあらかじめ指定された他の市中金利を基準とし，この動きに連動する。

　他方，満期までの間，利息がまったく支払われない**割引債**とよばれるものもある。利息が支払われない代わりに，償還時の額面より発行時の債券価格が低く設定され，投資家にとっては償還差益（額面と発行時の価格との差額）が利息収入に相当する。

元金の返済方法

満期時に一括して元本が償還される**満期一括償還方式**が一般的だが，契約に基づいて満期以前に一定比率ずつ元金が償還される**定時償還条項付き**や，満期以前に発行機関が任意に元本を償還できる（つまり繰上げ返済できる）**期限前償還条項付き**といったものもある。

元利払いの優先順位

発行機関が倒産などで解散，保有資産の清算を行った場合，資金提供者に対する元利金の支払い順位が重要な問題となる。株主に対してよりも，債券保有者に対する支払い順位のほうが高い（支払が優先する）が，債券保有者間でもさらに支払い順位が定められている。

この支払順位に基づき，債券は**普通債**と**劣後債**に分類され，普通債保有者への支払いが終わった後，なお残余財産が残っている場合にのみ劣後債保有者へ元利金が支払われる。したがって，発行機関の保有資産清算後の資金が不足すれば，元利金支払い順位が低い（劣後する）資金提供者ほど，元利金の支払いを受けられなくなる可能性が高い。

担保設定の有無

企業が債券を発行する際には，担保を付与するかそうでないかが契約で決められ，担保付の社債と無担保の社債とがある。さらに担保付社債には，**一般担保付社債**と**物上担保付社債**とがある。一般担保付社債とは，発行会社の全財産について，他の債権者に優先して弁済を受けられる権利が付いた社債で，物上担保付社債とは，社債の発行会社が保有する土地，工場，機械設備，船舶などの特定の物的財産が担保として付けられている社債である。

財務上の特約の有無

無担保の債券は元利金の支払いについて，担保が付与されている債券より実質的に劣後する（支払順位が低い）。無担保の普通債が発行された後で担保付の

普通債が発行されたとすると，無担保債を保有している投資家にとって，普通債に投資したはずが，結果的に劣後債に投資したことと同じになってしまう。したがって，支払順位について優先的な債券を，発行機関が事後的に無秩序に発行できるとすると，投資家サイドからみれば，自分の投資した債券がいつ劣後化するかわからないというリスクを負うことになる。また，社債を発行している企業が，株主に対して配当を無制限に行えるとすると，その企業の財務内容が悪化し，債券投資家が元利金を受け取れなくなるリスクが増大する。

このような，発行機関による事後的な行動によって，投資家に想定外のリスクを負わせてしまうことを未然に防ぐ工夫の1つとして，財務上の特約があり，純資産維持，株式に対する配当制限，他の負債に対する担保提供制限などが債券発行時の契約に盛り込まれることがある。

保証

政府関係機関が発行する債券に対して政府が保証を付与するなど，発行機関以外の機関が元利金の支払い保証を付与する場合もある。保証債の信用力は，発行機関ではなく，保証する機関の信用力に依存する。

2-2 株式と債券の違い

以上にみてきたように，株式と債券とでは，それらによって調達した資金が自己資本となるか負債となるかの違いに起因して，利益配分や残余財産の支払い優先順位が異なる。企業が解散した場合，財産の分配を受けられないリスクは株式のほうが大きい。また，平時においても，利益配分として，債券保有者が得るクーポン（利息）収入は発行時の契約であらかじめ決められているのに対し，株主が得る配当は事後的な業績に基づいて決められるため，株式のほうが収入の変動リスクが大きい。

第6章および第7章で詳しく述べるが，こうした資金の受取りに関するリスクの相違は，債券・株式の価格決定や投資収益率にも反映される。つまり，投資したときに予想される収益率が仮に同じであれば，投資家はよりリスクの小

さい債券を好み，株式は敬遠されるだろう。その結果，現在の株式の価格が債券よりも安くなる。将来の価格に変化がないとき，現在の価格が安くなれば，今後の値上がり余地が大きくなるため，結果的に，株式のほうが投資時点で予想される投資収益率が大きくなる。いいかえれば，リスクの大きい株式のほうが，リスクの小さい債券より，予想される投資収益率が大きくなる。

3. 投資信託

　証券市場における基本的な金融商品は株式と債券であるが，これらを基礎とするその他さまざまな金融商品がある。投資信託もその例である。
　投資信託では，運用会社が多数の投資家から集めた資金でファンド（基金）を作り，その運用成果を投資家に分配する。投資信託を制度面からみると**契約型**と**会社型**に分類される。

|契約型投資信託|
　投資家と運用会社との間に，投信販売を担う販売会社と，運用会社のファンドマネージャーの運用指示に基づいて各種証券の売買・管理を担う管理会社が介在する。それぞれは契約に基づいて結びついており，全体として投資信託の仕組みを構成している。

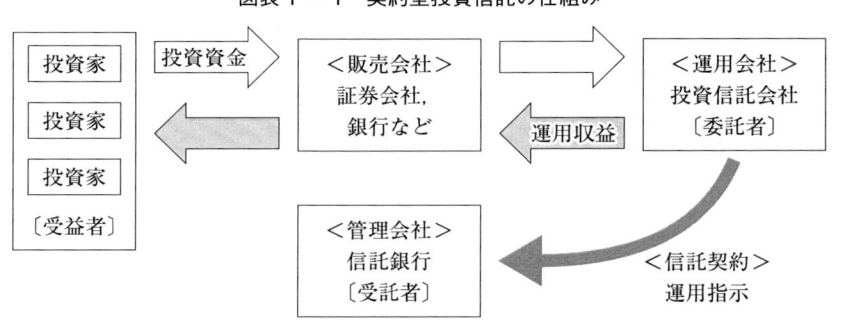

図表1−1　契約型投資信託の仕組み

会社型投資信託

　運用会社が，投資会社（証券投資法人）を設立，資金を集め投資を行い，運用収益を配当の形で投資家へ分配する。投資家はその投資会社の株主（投資主）となって，運用によって得られた収益の分配を受取るので，株式会社と同様の形態となる。

　この形態では，①投資家が，投資主総会を通じてファンドの運営に参加できる，②ファンドを運営する側からすれば，投資主の同意を得られれば，運用対象や運用方針の変更などが弾力的に行える，などの特徴があるが，経済的機能は日本で従来から利用されている契約型投信と大差ない。

3-1　投資信託のメリット・デメリット

　投資家自身が株式や債券に直接投資するのとは違い，投資信託では以下のようなメリット・デメリットがある。

＜メリット＞
① 小口資金から購入可能。
② 多数の投資家から集めた資金で，十分な分散投資が可能。
③ 投資家本人には知識や投資対象を検討する時間がなくても，プロの投資家（ファンドマネージャー）に運用を任せることができる。

＜デメリット＞
① 購入時に販売手数料，運用中に信託報酬，売却時に信託財産留保額といったコストがかかり，ファンドの運用収益がプラスではあってもこれらのコスト以下の場合，投資家にとって実質的な運用利回りがマイナスとなることがある。
② 他人に運用を任せているため，自分の希望にそぐわない運用をされることや，機動的な運用をできない場合がある。

3-2　投資信託の種類

投資信託は，運用対象，購入できる時期，収益の分配方法などによって，以下のように分類される。

(1) 運用対象による分類

株式は一切組み入れず，国債や社債など比較的安全性の高い公社債を中心に運用するタイプを**公社債投資信託**，公社債のほか株式を一定限度組み入れて運用するタイプを**株式投資信託**とよぶ。

(2) 購入時期や信託期間による分類

いつでも購入・換金ができ，信託期間（満期）が定められていないタイプを**追加型（オープン型）**とよぶ。MMFはこのタイプの公社債投資信託である。

他方，信託期間（満期）があらかじめ定められているものを**単位型（ユニット型）**とよぶ。購入は募集期間だけに限られ，追加購入はできない。単位型はさらに，商品性が同一のものを毎月募集する**定時定型**（ていじていけい）投信と，その時の経済情勢にあわせて随時募集される**スポット型**投信とに分けられる。

(3) 収益の分配方法による分類

信託期間中，運用収益を投資家に分配するものを**分配型**とよぶ。毎月分配，3カ月分配，半年分配などさまざまなタイプがある。投資家は収益が分配されるつど，手元資金を得るが，反面，ファンドの運用による複利効果はなくなる。

満期になったり，投資家が解約したりするときに一括して支払われるまで，信託期間中は運用収益を分配せず，ファンドのなかに留保するものを**無分配型**とよぶ。運用収益を再投資するため，複利効果を期待できる。

3-3　純資産残高と基準価格

投資信託を購入する際には，いくらで買えるか，運用実績はどうかといったことを知るために，以下の用語を理解しておく必要がある。

> 純資産残高

　ファンドに組み入れられている資産の時価総額と，運用収益によって増えた（減った）金額の合計から諸経費を控除したもの。

> 基準価格

　純資産残高を受益権総口数で割ったもので，一口あたりいくらでその投信を売買できるかを示す。

> 騰落率

　基準価格の変化率。ファンドの運用成績を示す指標の１つといえるが，過去のある時点から別のある時点までの実績値にすぎないため，騰落率が高いからといって，今後も高い実績が続くとまではいえない。

> 運用実績利回り

　騰落率を年率表示したもの。例えば，２年間の騰落率が10％だったとすると年率では5％，半年間の騰落率が3％だったとすると年率では6％となる。なお，投資信託に限らず，金融商品では金利や収益率を１年あたりで表示する慣例になっている。

4. 金融デリバティブズ

　金，原油，農作物，株式，債券，為替，金利などの取引から派生してできた取引の総称をデリバティブズとよんでいる。このうち株式，債券，為替，金利などの金融商品取引から派生したものを**金融デリバティブズ**（金融派生商品）とよぶ。また，デリバティブ取引の前提となっている商品（株式，債券など）を**原資産**とよぶ。

　デリバティブの利用目的としては，原資産の価格変動に対するリスクヘッジ，デリバティブ自体の価格変動を利用した**投機**，その他があげられる。

金融デリバティブズに属する商品は多数あるが，ここではその代表例として，先物取引，オプション取引についてごく簡単に紹介する。

4−1　先物取引

　先物取引とは，「あらかじめ約束した価格（先物価格）で，将来の一定期日に，ある原資産の一定量を買うまたは売る」と契約する取引のことをいう。

　×年△月○日に，ある原資産のある数量を売買するという約束であっても，現時点でその契約を結ぶときの先物価格と，例えば今から1カ月後に同じ契約を結ぶときの先物価格は同じである必要はない。同じ原資産，同じ取引数量であっても，先物取引の対象となっている原資産の価値が時々刻々変化しているからである。

　また一般に，金利が高くなるほど，また先物満期までの期間が長くなるほど，先物価格が高くなる。また先物価格と原資産価格との価格差は，時間の経過によって満期までの期間が短くなるほど小さくなる。さらに，満期日当日の先物価格は，原資産価格と一致する。

　このような性質があるため，（満期日以前の）先物価格と原資産価格とは完全に連動するとは限らないものの，両者はほぼ似た動きをする。両者の価格連動性を利用すると，原資産の価格変動を先物の価格変動によってある程度相殺す

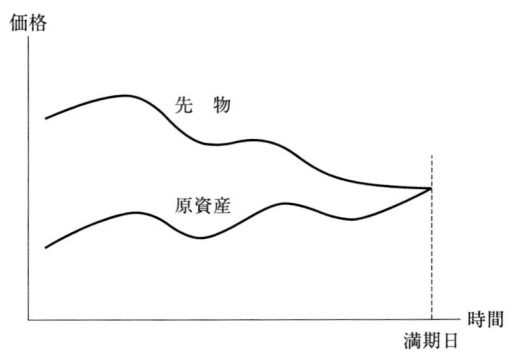

図表1−2　先物価格と原資産価格

ることができる。これをヘッジ取引とよぶ。

ヘッジ取引(売りヘッジの例)

<現時点>

　現在保有している株式(数値例：1株10万円)を半年後に売却する予定だが、その間、保有株式の株価の下落を回避したいと考えている投資家がいるとする。

　この株式1株を原資産とする、満期が半年後の先物価格が現在10万円だったとして、これを売り建てたとする(先物の満期日に原資産を10万円で売ると契約する)。

<半年後>

　保有株式が7万円に下落したとする。

　保有株式が3万円下落したため、先物を利用していなければ売却収入が当初見込みより3万円減少するが、先物の売り建て契約により、先物の買い手に保有株式を10万円で売却する。結果として、売却収入は減少せずに済む[*]。

　以上とは逆に、半年後に保有株式が値上がりした場合は、先物の売り建て契約のため、先物の買い手に、現時点での先物価格で保有株式を売却しなければならず、保有株の値上がり益を享受できない。

　つまり、ヘッジ取引はあくまでも原資産価格の変動による損失をカバーすることが目的であって、これによってより多くの利益を狙うことはできない。

　以上でみた売りヘッジのほか、先物の買い建てを使った買いヘッジとよばれ

---

[*] ここでは単純化のため、保有株の売却予定日と先物の満期日が同じであるとしたが、先物の反対売買(ここでは現時点で売り建てた後、半年後に同じ先物を買い戻すこと)が可能な場合は、両者が同じである必要はない。また、現時点での原資産価格と先物価格とが同じである必要もないが、両者の値動きが完全に連動しない場合、保有株の値下がりを先物の売り建てでカバーできるのは一部のみで、すべてがカバーできるとは限らない。他方、現物と先物の値動きが完全に連動し、両者の価格差が常に一定である場合、現物取引の損益を先物取引の損益で完全にカバーできる。これをフルヘッジとよぶ。

るヘッジ取引もある。これは，将来，原資産を買う予定がある場合，その時点で原資産が値上がりしてしまうリスクをカバーするため，現時点で先物を買い建てる，といった具合に利用される。

4-2 オプション取引

あらかじめ約束した期日（満期）に，あるいはそれまでの期間内に，あらかじめ約束した価格（行使価格）で，原資産を，購入あるいは売却する権利（＝選択権）をオプションとよぶ。

権利である以上，オプションの買い手にとって，行使価格で原資産を購入する（または売却する）ことは義務ではなく，権利放棄することもできる。この権利を行使して実際に原資産の売買を行うことを，**権利行使**するという。他方，オプションの売り手にとっては，買い手が権利行使した際に，行使価格で原資産の売買の相手方となる義務がある。先物取引では買い手であっても契約を履行する義務があったが，この点がオプション取引とは異なる。

オプションの買い手にとって，原資産を買う権利をコール・オプション，売る権利をプット・オプションとよぶ。

原資産を買う権利であるコール・オプション，売る権利であるプット・オプションにはそれぞれ買い手と売り手とがいる。整理すると図表1-3のようになる。

コール・オプションの買い手が権利行使すれば，買い手が売り手から原資産を行使価格で買い取ることができる。プット・オプションの買い手が権利行使すれば，買い手が売り手に原資産を行使価格で売りつけることができる。

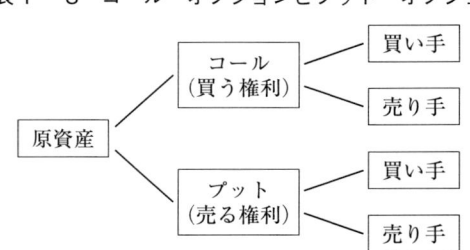

図表1-3　コール・オプションとプット・オプション

```
                  ┌─ 買い手
         ┌─ コール ─┤
         │ (買う権利) └─ 売り手
  原資産 ─┤
         │          ┌─ 買い手
         └─ プット ─┤
           (売る権利) └─ 売り手
```

どんなとき権利行使するのか

コール・オプションでは，（市場での時価である）原資産価格が行使価格を上回っている場合（原資産価格＞行使価格），権利行使によってオプションの買い手は時価よりも安い価格で原資産を購入し，ただちにそれを市場で売却すると，「原資産価格－行使価格」＞0の差額分だけ利益を得る。逆に，原資産価格が行使価格より安くなっている場合には，権利行使すると，時価よりも高い価格で原資産を買い取ることになるため，この場合には権利放棄する。

例えば，行使価格が900円のコール・オプションがあり，その原資産の価格が1,000円のとき，権利行使すると1,000円－900円＝100円の利益が得られるので，オプションの買い手は権利行使する。他方，原資産の価格が800円のとき，権利行使すると800円－900円＝－100円の損失を被るので，オプションの買い手は権利行使しない。

プット・オプションでは，コールの場合とは逆に，原資産価格が行使価格を下回っている場合（原資産価格＜行使価格），買い手が権利行使する。例えば，行使価格が900円のプット・オプションがあり，その原資産の価格が800円のとき，市場で原資産を800円で購入し，ただちにそれをオプションの売り手に900円で売りつけると900円－800円＝100円の利益を得るので，オプションの買い手は権利行使する。

オプションの価格

コール・オプション，プット・オプションともに，それを買う場合，買い手から売り手へオプションの価格相当の代金が支払われる。コール，プットともに，満期までの期間が長いほど，また原資産の価格変動が激しいほど，権利行使によって利益を得られる可能性が高くなるため，オプション価格が高くなる。

オプション取引の損益線

次に述べるヨーロピアン・オプションとよばれるオプションの満期時の損益を図示すると以下のようになる。

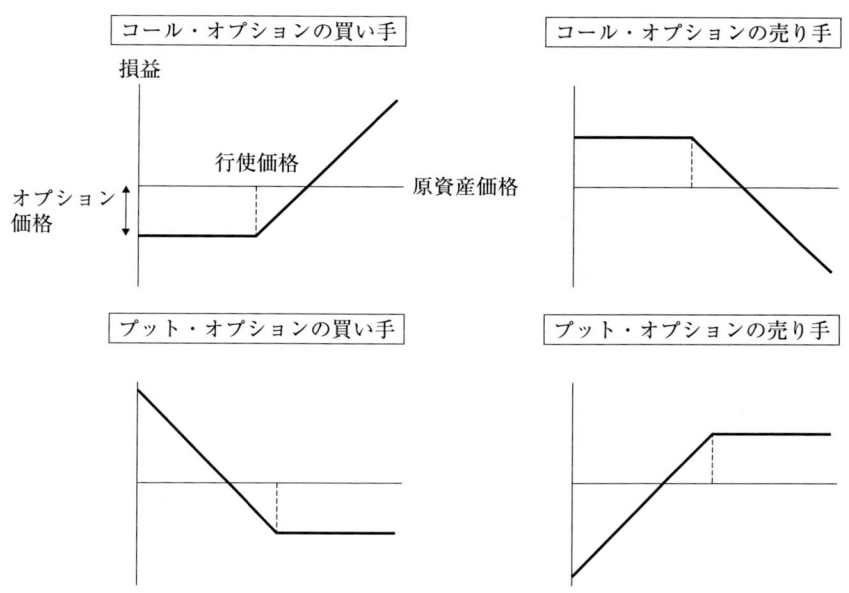

図表1-4　ヨーロピアン・オプションの満期時の損益線

コール・オプションの買い手　　コール・オプションの売り手

プット・オプションの買い手　　プット・オプションの売り手

権利行使の条件でみたオプションの種類

　原資産を買う権利（コール），売る権利（プット）といった分類のほかに，どのような条件で権利行使できるかによって，いくつかのタイプのオプションがある。

・ヨーロピアン・オプション
　満期日のみに行使価格で権利行使できる。最も基本的なオプション。

・アメリカン・オプション
　満期日以前にも行使価格で権利行使できる（これを期限前行使という）オプション。

・エキゾチック・オプション

　権利行使価格や原資産価格の決め方などに特殊なルールを設定したオプション。ルールの設定の仕方によってさまざまなタイプがある。エキゾチック・オプションを組み込んださまざまな金融商品（仕組債，投資信託，外貨預金など）が存在する。

オプションを組み込んだ金融商品の例

　金融商品のなかには，債券や投資信託，外貨預金などにオプションを組み込んだものが存在する。リスク評価が難しいので，購入にあたり投資家は商品の仕組みをよく理解する必要がある。

　例えば，プット・オプションを組み込んだ金融商品として，他社株転換条項付社債（Exchangeable Bond，EB債）とよばれる高利率の債券があるが，株価が下落すると，現金ではなく投資元本以下の時価となった株券で償還されることがある。

　この仕組みは，金融機関が発行する債券に他社の株式を原資産とするプット・オプションの売り（買い手は金融機関）を組み合わせたものである。債券の通常の利息にオプションの売却代金が上乗せされるため，EB債は高利率を実現できる。

　対象となった株式の株価がプット・オプションの行使価格以上となれば，金融機関はオプションの権利を放棄し，債券の額面を投資家に現金で償還する。逆に，対象株式の株価がオプションの行使価格以下となれば，金融機関は債券の償還金を投資家に償還せずに，それを使って対象株式を市場で購入し，株式として投資家に償還する。投資家にとっては，時価がプット・オプションの行使価格以下となっている株式を行使価格で購入するのと同じことになるので，償還時の株式は投資元本より少ない評価額になる。単純な数値例をみてみよう。

　金融機関が発行する額面100万円の1年債（年1回利払い）のクーポン・レートが5％，ある銘柄の株式に対するヨーロピアンタイプのプット・オプションの行使価格が100円，オプション代金が5万円だとしよう。この債券にこのプット・オプションを組み合わせ，投資家にEB債として販売したとする。

　EB債を購入した投資家は，この債券の買いと，このプット・オプションの売

りを組み合わせたことになる（オプションの買い手は EB 債を組成した金融機関）。EB 債の利息は，債券の当初のクーポン 5 万円に加えオプションの売却代金 5 万円が得られるので，投資元本 100 万円に対して 10 万円の利息が得られる（利率 10%）。

　対象となった株式の株価が行使価格 100 円以上であれば，金融機関はオプションの権利を放棄するので，投資家は満期時に利息 10 万円と額面 100 万円を得られる。他方，満期時に対象株式の株価が行使価格以下，例えば 80 円になったとすると，金融機関はオプションの権利を行使し，社債の額面償還金 100 万円に代えて株式と利息 10 万円を投資家に償還する。オプションを権利行使しているので，金融機関が投資家に株式を渡す際，1 株当たり 100 円で計算し，社債の償還金 100 万円相当として渡す株式数は 1 万株（100 万円÷100 円）である。しかし，この株式の市場での株価は 80 円であるから，金融機関は 1 万株を 80 万円で購入できる。これを投資家に渡すため，金融機関はオプションの権利行使によって 20 万円の利益を得る一方，投資家は時価 80 万円の株式 1 万株を渡されるので投資元本 100 万円に対して 20 万円の評価損を被ることになる。

　以上の例ではヨーロピアンタイプのプット・オプションで考えたが，エキゾチックタイプのプット・オプションを債券に組み合わせた EB 債も多い。この場合は，金融機関が権利行使するかしないかという点だけでなく，オプションの権利の発生条件も加わり，仕組みがより複雑になる。類似の例として，投資信託にエキゾチックタイプのプット・オプションを組み合わせたリスク限定型投資信託とよばれるものもある。これは，株価が設定時に決められた一定の水準を下回らない限り，償還時の元本と利回りが保証される投資信託である。しかし，株価が一度でもこの一定の水準を下回ると，元本と利回りの保証がなくなり，償還額が株価に連動するようになる。

5. 証券化商品

　資産の証券化は，1970 年代末以降，アメリカの S&L（貯蓄貸付組合）などの住宅ローンを専門とする金融機関が新たな資金調達手段としてローン債権の流

動化を進めたことに始まる。その後，資金調達手段としての利用にとどまらず，資産の切り離しによる金融機関の自己資本比率改善や新たな収益獲得手段として幅広く利用されるようになり，現在ではクレジットカードの売上債権，自動車ローン，リース債権などキャッシュフローを生む資産で幅広く応用され，さまざまな金融商品が作られている。日本でも，1990年代に入り証券化商品の発行が始まった。

5-1　証券化商品の仕組み

　証券化商品は，企業や金融機関が保有する債権や不動産などの資産を企業から分離し，それらから生じるキャッシュフロー（元利金，賃貸収入など）を原資として発行される債券やCP（コマーシャル・ペーパー，無担保の割引約束手形）の形態をとる。

① 原資産を保有するオリジネーターは，証券化対象とする資産を特定し，SPV（Special Purpose Vehicle）にこの資産を売却する。SPVは，対象資産を取得するために証券化商品（資産担保証券）を発行する。この証券は，社債，CP（コマーシャル・ペーパー）の形態をとる。資産担保証券の価値は，SPVが保有する資産から生じるキャッシュフローのみに依存する。

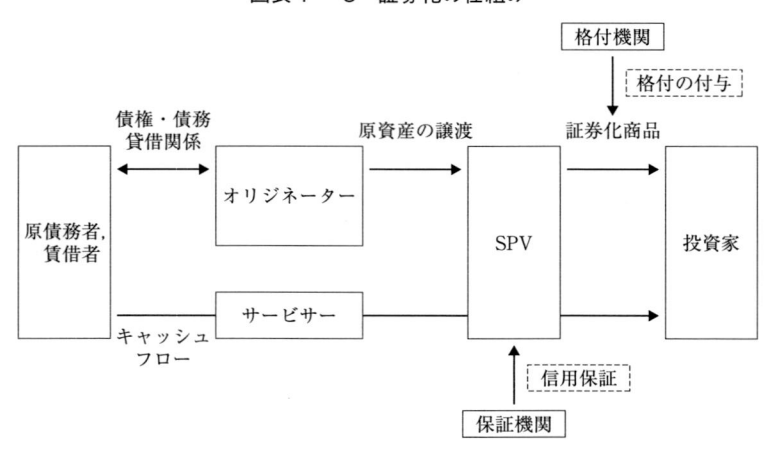

図表1-5　証券化の仕組み

② SPVは資産を管理する単なる箱でしかない。そのため，証券化の対象となった資産からキャッシュフローを徴収する機能の提供者（サービサー）が必要となる。通常，オリジネーターがサービサーを兼ねる。

③ 通常，資産担保証券はキャッシュフローの受け取りについての確実性を増すための工夫が施される。単純な例では，金融機関など外部の機関がキャッシュフローの保証を行い，もしキャッシュフローの支払いが滞った場合，保証機関が支払いを肩代わりする。他には，対象資産からのキャッシュフローの受け取りに順序を付け，優先債と劣後債に分けて販売する方法（その結果，優先債として発行された証券化商品は信用力が高くなる）や，複数の資産から得られるキャッシュフローをひとまとめにプールすることでリスク分散効果を働かせたうえで証券化商品を組成する方法などがある。証券化商品は，オリジネーター自身の信用力に対する評価ではなく，オリジネーターから切り離された特定の資産から得られるキャッシュフローについての評価を前提としている。そのため，オリジネーターが発行する通常の債券よりも，高い格付を資産担保証券に付与することも可能である。

5-2 サブプライムローン問題と証券化商品

2007年夏以降，アメリカのサブプライムローン（信用力の低い個人向け住宅ローン）返済の延滞率が上昇したことに端を発し，サブプライムローンを担保として証券化された住宅ローン担保証券，さらにそれを他の複数の金融商品とともに組み入れた債務担保証券（Collateralized Debt Obligation, CDO）などが価格暴落ないし買い手がつかず取引できない状態となり，その結果それらを保有する金融機関の信用力をも毀損させ，2008年には世界的な金融危機へと発展した。

この背景には，キャッシュフローの受け取りについての確実性を高めるために施した証券化スキームが当初期待された通りに機能せず，むしろスキームの問題点が顕在化した点があげられる。

サブプライムローンを組み込んだ証券化商品は，リスク分散や担保の提供によってリスクが軽減されると当初考えられたが，不動産価格の下落や景気後退

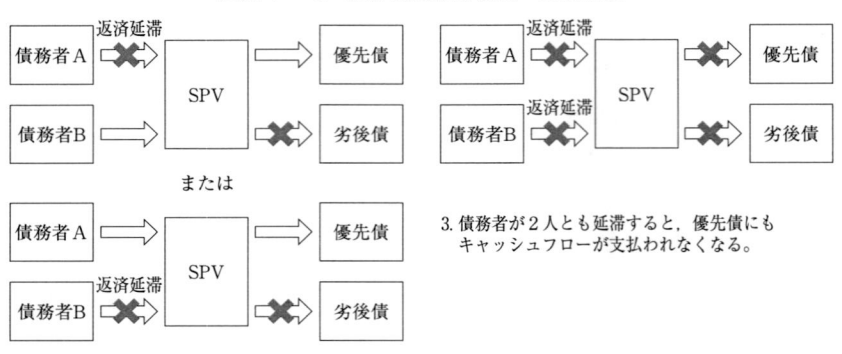

図表1－6　証券化商品の優先・劣後構造

1. 2人の債務者が支払うキャッシュフローをSPVがひとまとめにし、同額ずつ優先債と劣後債に支払われるとする。
2. 2人の債務者のどちらか一方が延滞する場合、劣後債がアブソーバーとなり、優先債が受け取るキャッシュフローは確保される。
3. 債務者が2人とも延滞すると、優先債にもキャッシュフローが支払われなくなる。

によって、サブプライムローンの個々の借り手の延滞が同時発生するようになると、延滞率が上昇しリスク分散効果を低下させたことから、優先・劣後構造を施した下での優先債においてもキャッシュフローの受け取りについて不確実性が高まった。

さらに、CDOという形で、サブプライムローン証券化商品を含むさまざまな金融商品を何重にも複雑に組み合わせた証券化商品が組成・販売されたことで、CDOを組成している元の金融資産の内容を把握することが困難となってしまい、問題がひとたび生じると、本来の価値がわからないため転売も容易にできない事態となった。こうして、サブプライムローン問題の顕在化が証券化商品全体の価格暴落・流動性問題へとつながり、世界的な金融危機へと発展していった。

しかし、証券化スキームの問題点が浮き彫りになったものの、証券化に当初期待された機能（保有資産の分離、資金調達手段、高格付の取得）までが否定されたわけではない。その問題点が改善されていくとともに、資産の証券化は今後とも活用されていくであろう。

第2章
証券市場の現状と制度

　ここでは，日本の証券市場の現状と制度について，簡潔に紹介する。現在の日本における資金調達は大きく分けて，間接金融と直接金融という2つの形態が存在する。日本の企業の外部資金調達方法としては，まだまだ間接金融による銀行からの借り入れが大きい。しかし，直接金融による資金調達が注目されていることも事実である。実際にデータをみても徐々にではあるが株式による調達が増加している[*]。そこで本章では，直接金融のなかで重要な役割を持つ株式市場と債券市場をとりあげる。さらに，両市場において，投資家と企業を結ぶ役割を持つ証券会社について説明する。

1. 間接金融と直接金融

　経済主体が資金の調達・運用を行う場合，**間接金融**と**直接金融**といった2つの形態がある。以下の図は間接金融と直接金融における資金（お金）の流れを示したものである。

---

[*] 後に掲載している図表2-3．"非金融法人企業の金融負債残高"を参照。

図表2-1

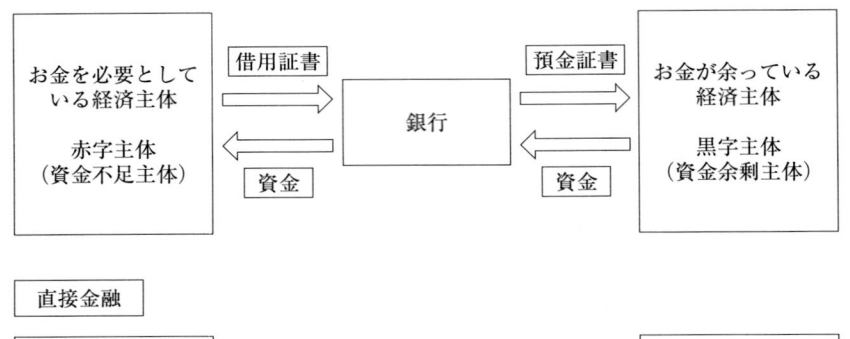

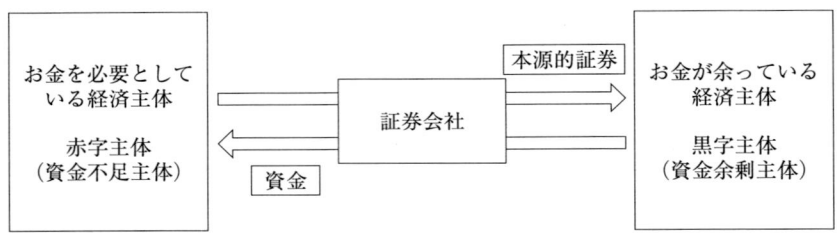

間接金融

お金を必要としている経済主体　赤字主体（資金不足主体） —借用証書→ 銀行 —預金証書→ お金が余っている経済主体　黒字主体（資金余剰主体）
←資金— 銀行 ←資金—

直接金融

お金を必要としている経済主体　赤字主体（資金不足主体） ← 証券会社 —本源的証券→ お金が余っている経済主体　黒字主体（資金余剰主体）
←資金—

間接金融

　企業など資金を必要とする赤字主体（資金不足主体，最終的借り手）と，個人など余剰資金を持つ黒字主体（資金余剰主体，最終的貸し手）との間の資金の流れに，銀行を代表とする金融仲介機関が介在する資金調達方法のこと。

　赤字主体および黒字主体からみた直接の取引相手は金融仲介機関で，資金の流れにおいて赤字主体と黒字主体とが間接的につながっているため，間接金融とよばれる。図にあるように黒字主体は余っている資金を銀行に預けそのかわりに預金証書をもらう。一方で赤字主体は銀行から資金を借りて借用証書を渡す。また，間接金融における金融仲介機関は，調達資金（預金等）と供給資金（貸出等）の性質（リスク，期間，流動性）を変更することでリスクをとり利益を得る。

直接金融

赤字主体が，黒字主体から直接資金を調達する方法のこと。

両者をつなぐ金融仲介機関の代表として，証券会社がある。さて，黒字主体と赤字主体が直接，取引相手を探すことが容易であれば，仲介機関は必要ない。なぜ，仲介機関が必要かというと，相手を探すコストが大きいからである。そのコストを小さくしてくれるのが仲介機関であり，その手段が情報収集と伝達である。

直接金融における金融仲介機関は，黒字主体と赤字主体との間の資金の流れに関する情報の収集と伝達を行う。例えば「誰が資金を調達したいと思っているのか」「誰が証券投資したいと思っているのか」「誰が証券を転売したいと思っているのか」といった情報のことである。これらの情報収集と伝達によって直接金融が形成され，金融仲介機関は情報の対価として手数料を受け取る。この手数料こそ直接金融における金融仲介機関の収益なのである。直接金融では，図にあるように黒字主体から赤字主体へ資金が渡され，それに対し本源的証券（ここでは株式，債券）が渡される。

資金調達方法の違いから，資金を自己資本と他人資本に分けることができる。自己資本には，内部留保や株式発行によって調達した資金が含まれるのに対して，他人資本には普通社債の発行や間接金融から調達した借入金が相当する。

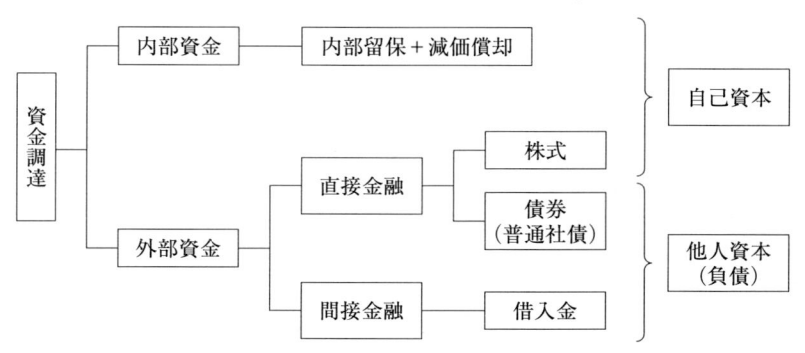

図表2－2　企業の資金調達方法の分類

資金調達			区分
内部資金	内部留保＋減価償却		自己資本
外部資金	直接金融	株式	
		債券（普通社債）	他人資本（負債）
	間接金融	借入金	

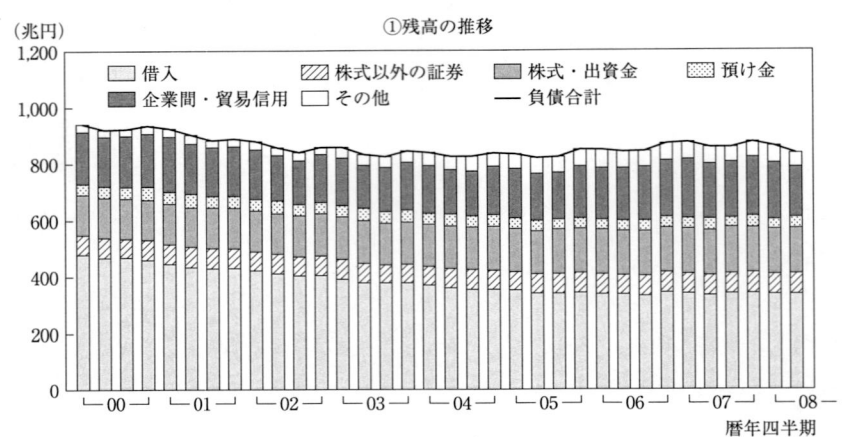

図表2-3 非金融法人企業の金融負債残高

①残高の推移

②構成比等の推移

		2006年		2007年				2008年		2008年6月末残高（兆円）
		9月末	12月末	3月末	6月末	9月末	12月末	3月末	6月末	
	残高（兆円）	842	870	876	857	857	878	861	835	
構成比（％）	借入	39.3	39.3	38.7	38.5	39.3	38.4	38.8	40.1	335
	株式以外の証券	8.7	8.5	8.3	8.7	8.8	8.8	8.7	9.2	77
	株式・出資金	18.5	18.0	17.9	18.4	18.4	18.0	18.2	18.7	156
	預け金	4.3	4.4	4.2	4.6	4.3	4.5	4.4	4.7	39
	企業間・貿易信用	22.4	22.9	23.6	22.7	23.2	23.5	22.8	21.4	178
	その他	6.9	6.9	7.4	7.2	6.0	6.8	7.2	5.9	49

出所：日本銀行。

発行市場と流通市場

　証券市場はその機能からみて，発行市場と流通市場に分けられる。直接金融で，黒字主体から赤字主体（企業や国，公共団体など）が資金を調達する際，その見返りに株式や債券といった証券が発行される。このような形で，赤字主体が資金調達を行う証券市場を，**発行市場**，またはプライマリーマーケットとよぶ。

　他方，資金を提供した黒字主体（＝投資家）は，資金を回収しようと考えた

場合，証券を他の投資家に転売するための市場も必要となる。このような，証券の転売が行われる証券市場を**流通市場**，またはセカンダリーマーケットとよぶ。

ただし，**発行市場**，**流通市場**といった名称は証券市場が担う機能についての呼び名にすぎず，2つの市場が別々に存在するわけではない。また，取引所とよばれる物理的な空間を持った市場だけでなく，直接金融が行われる場の概念の総称を，証券市場とよんでいる。例えば，証券市場の1つとして**店頭市場**があるが，これは取引所のような物理的な空間を持っておらず，電話回線や情報端末を使った市場参加者間の証券取引の仕組み全体を市場とよんでいる。

発行市場と流通市場はその取引方法などが大きく異なっているが，互いに密接にかかわっているところもある。例えば次のような関係がある。流通市場が未発達な場合には，証券を換金することが難しい場合がある。この場合，一般の投資家は証券を買いそれを売ることが難しいと判断し，発行市場も縮小してしまう可能性がある。また，流通市場で決められる証券価格は，その証券に対する投資家の需要を反映しているので，発行市場における資金調達コストも流通市場の動向をもとに決定される。

では，株式市場と債券市場における発行市場と流通市場をそれぞれみていこう。

2. 株式市場

株式保有構造の特色

戦後の取引所再開以来1970年代まで，個人投資家の持ち株比率が高かったが，1980年代から1990年代まで，金融機関やグループ企業を中心とする**株式持合い**が増加し，金融機関・事業法人の持ち株比率が上昇した。これが日本の特徴的な株式保有構造といわれてきた。

しかし，1990年代後半以降，株式持合いの解消が進んだ。株式の持合いが解消された要因として，いわゆるバブル経済の崩壊により悪化した収益を補う

目的で持合いにより保有していた株式を売却したことがあげられる。また金融機関の株式保有も低下している。

では株式は誰に買われているのか。金融機関の保有割合も法人の保有割合も低下するなかで，外国人投資家や，インターネット取引の増加による個人投資家の持ち株比率が上昇している。

|株式持合い|

企業買収を未然に防止したり，株式会社の最高意思決定機関である株主総会を円滑に運営したりすることを目的に，上場企業間で株式の持合いが行われた。同時に，株式持合いは企業同士の親密度を高め，それによって優先的な取引関係が成立するという副次的なメリットをもたらした。系列取引がその代表的例である。

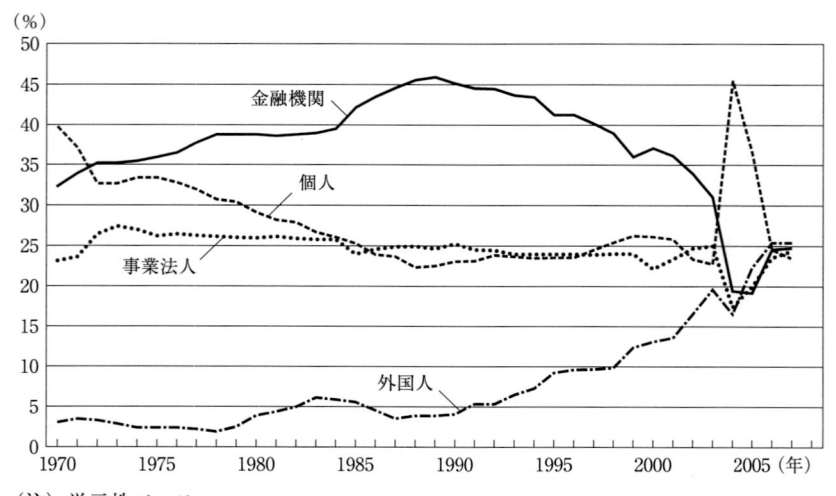

図表2−4　所有者別持ち株比率（全国上場会社ベース）

（注）単元株ベース。
出所：東京証券取引所。

2-1 株式発行市場
(1) 発行される株式の種類
　現在日本で発行されている株式には次のような種類が存在する。普通株，優先株，劣後株（後配株），トラッキング・ストック（部門別・子会社業績連動型株式），新株予約権，新株予約権付社債などがある。ただし，株式といった場合は，通常，普通株のことを指している。

(2) 額面株式と無額面株式
　2001年まで，株式は額面株式と無額面株式に分類されていたが，2001年10月に施行された改正商法により，株式の発行はすべて無額面株式に統一された。額面株式とは，1株の金額が定められた株券で，券面に金額が記載されていた。一方，無額面株式は1株の金額の定めがなく，株数が記載されているのみである。

(3) 新株の割当方法
　新株の割当には次の方法がある。既存の株主に割り当てる**株主割当**，第三者に割り当てる**第三者割当**，広く一般から投資家を募る**公募**である。
　株式の発行価格は，時価を基準に決定される時価発行が基本（公募ではこの方法がとられる）だが，時価よりも低い価格で発行する場合もある。かつての額面発行や，中間発行（額面と時価の中間の価格で発行）がこの例にあたる。株主割当および第三者割当でこの方法がとられる。
　新株の発行は発行済株式数を増加させるため，時価よりも低い価格で新株が発行されると，既存株式の株価が下落する。
　もし既存株主以外の者に，時価以下の価格で発行された新株が割り当てられると，既存株主は株価下落によって損失をこうむる。したがって，不特定多数の投資家を対象に発行する公募の場合，時価発行以外の新株発行は認められない。
　株主割当を採用し，時価以下で新株が発行される場合は，既存株主は損失を

こうむらない（既存株の価格下落を，新株の発行価格と時価との差額で相殺できるためである）。第三者割当を採用し，時価以下で新株が発行される場合は，既存株主は損失をこうむるので，株主総会の特別決議を経て既存株主の承認を得る必要がある。

＜数値例＞

当初，発行済み株式1億株，株価1,000円。→ 株主資本の時価総額1,000億円。時価発行で新株を1億株発行すると，株価は1,000円のまま（＝（1,000億円＋1,000億円）÷（1億株＋1億株））。

500円で新株を1億株発行すると，株価は750円に下落（＝（1,000億円＋500億円）÷（1億株＋1億株））。これが株主割当で実施された場合，既存株式で1株あたり250円の損失が出るが，新株の購入による250円の利益（＝750円−500円）で相殺できる。

(4) 株式の新規公開 (IPO)

2008年現在，日本には6つの取引所がある。東京，大阪，名古屋，福岡，札幌，JASDAQ（ジャスダック）の各証券取引所である。すでにこれらの取引所に上場している企業が追加的に新株を発行して資金調達するほか，未上場の企業が新たに株式を「新規公開 (IPO, Initial Public Offering)」する場合もある。取引所に株式を上場するためには，各取引所が定めた上場基準を満たさなければならない。

上場基準としては，上場株式数，株式の分布状況（少数特定者持ち株数，株主数），設立後経過年数，株主資本の額，利益の額，財務諸表等の適正性がある。これらの基準の多くが，上場後に活発に売買されるかどうかの判断基準となっており，これらは市場での流動性に関わる基準であるといえる。もしその銘柄の流動性が乏しいと，投資家が希望する株数を自由に売買できなくなるほか，通常より大口の買い注文や売り注文が入っただけで株価が大きく変動し，市場で決まる株価が発行企業の実態を反映しないものになってしまう可能性もある。

図表2－5　各証券取引所の上場会社数

(2007年末時点)

	1部	2部	計	新興市場
東　京	1,747	470	2,217	197
大　阪	650	252	902	171
名古屋	248	112	360	32
福　岡	－	－	141	10
札　幌	－	－	76	11
ジャスダック				976

(注)　新興市場とは，マザーズ（東証），ヘラクレス（大証），セントレックス（名証），Q-Board（福証），アンビシャス（札証）。
出所：各取引所。

(5) 発行価格の決定

　上場企業が新株を発行する場合は，発行時点での流通市場の株価を参照すれば良い。しかし，IPOの場合，流通市場での株価が存在しないため，入札方式（競争入札制度），ブックビルディング方式（BB方式）といった，特別な方法で発行価格を決定する。

入札方式

　入札方式（競争入札制度）とは，証券取引所が定める数量の株式を投資家が参加する入札に委ね，投資家の需給を反映させて公開価格を決定する方法である。
　具体的にはまず，類似会社の株価から比準価格とよばれるものを決定する。そして，これの85％を入札下限価格とする。次に，この入札下限価格を参考に，上場株式数の50％以上を入札し，入札価格の高いものから落札者を決定，落札価格の加重平均を公募価格とする。
　投資家にとって，入札できる株数が小口で，満足のいく株数を取得できないため，流通市場で新規上場株式の異常な人気がしばしば起き，株式上場時の初値（流通市場で一番最初につく値段）が高くなりすぎたとされる。この欠点を除

去するため，1997年にブックビルディング方式が導入された。

ブックビルディング方式

　前述したように，一般の投資家による入札結果に基づいた公開価格は高くなりがちであることが指摘されており，上場後に円滑に取引が行われるようにと制度が変更された。現在ではIPOを行う際，ブックビルディング方式が用いられている。

　ブックビルディング方式は，株式の新規発行による公募や売出しにおいて，アンダーライター（おもに引受証券会社）が仮の発行条件を提示して投資家の需要を調べ，そのうえで公開価格を決定する方法であり，市場機能による適正な価格形成が期待されている。

　具体的には次のような手順により行われる。

① 投資のプロである機関投資家から株価に関する意見を聴取する。
② ①を参考に上場時の公募価格に関する仮条件を決め，それを公表する。
③ その後，仮条件に対する投資家全体の反応を見極めたうえで，正式な公募価格を決定する。

　しかし，IPOがブックビルディング方式に移行した後も，公募価格より初値が高くなるという傾向は変わっていない。初値が公募価格より高くなるということは，公募に応じた投資家にとっては高く転売できるため有利であるが，他方，株式の発行企業にとっては本来の株価より低い価格で株式を発行したことになるので不利となる。

　証券の発行に伴う一連の手続き（発行条件の決定，発行時の売れ残り証券の買い取り等）や公募価格の決定はアンダーライターが行う[*]。

---

[*] 株式発行では証券会社がアンダーライターの役割を担い，公共債の発行では証券会社のほか銀行もこの役割を担う。

第２章　証券市場の現状と制度 ○── 31

2-2　株式流通市場

　株式流通市場は，発行市場において発行された株式を売買する場であることはすでに述べた。日本の株式流通市場は，戦後，個人投資家が主体となっていた。この要因は財閥解体によるところが大きい。その後，金融機関や法人企業の持ち株比率が上昇し，個人投資家の持ち株比率は低下したが，株式保有構造の特色で述べたように，現在では金融機関や法人企業以外の投資家による持ち株比率が上昇している。

　このような株式流通市場も，1998年の証券ビッグバン（日本版金融ビッグバンの一環）により大きく変化した。しかし，証券取引所の役割や機能はその重要性を保っている。また株式流通市場は取引所を中心に形成されている。ではその証券取引所と株式流通市場の機能についてみてみよう。

　株式流通市場の基本的な機能は，次の4つである。

① 注文伝達
② 約定
③ 受渡・決済
④ 取引公表

図表2－6　投資部門別株式売買代金シェア（三市場ベース）

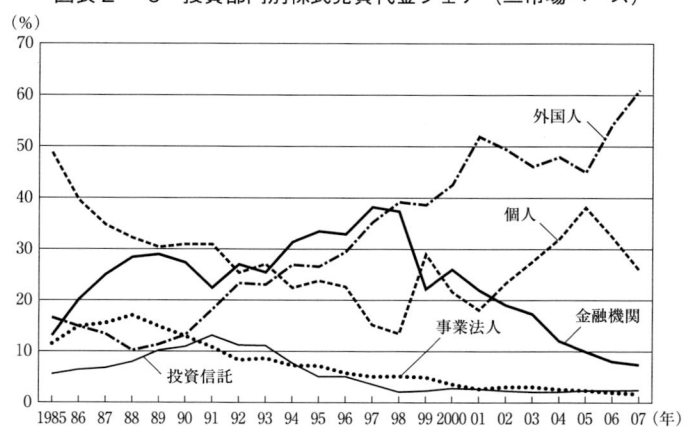

（注）三市場1・2部，年間委託売り＋年間委託買い。
出所：日経NEEDSより作成。

これらのうち，①と③は証券会社，②は取引所，④は新聞などの情報ベンダーが担ってきたが，インターネットなどの普及により，それぞれの役割分担が変化してきている。

　注文伝達について考えよう。投資家は株式の売買を行おうとする場合，まずその注文を証券会社に出す。次に証券会社はその注文を証券取引所に伝達する。これを注文伝達機能とよんでいる。

　約定機能は，伝達機能により証券取引所に集約された売買注文を，時間・価格を優先としてつき合わせを行い，約定を成立させる機能である。

　決済機能は，証券会社から約定が成立したことを伝達された個人投資家が，その価格に従って期日内に支払，株式の受け渡しを行うことができるようにする機能のことである。

　そして，この株式の売買が実施されたことを取引所が一般投資家に対して公表する。これが公表機能である。このとき公表される情報には，約定価格や売買高などが含まれる。

(1) 証券取引所取引

単位株制度と単元株制度

　1982年に施行された**単位株制度**によって，上場企業は額面の合計が5万円に相当する株式を1単位とすることが義務付けられた。また，株主としての議決権は1単位以上の株式を保有する株主にのみ認められた。

　その後，2001年10月に施行された改正商法により単位株制度が廃止され，1売買単位を企業が自由に設定できる**単元株制度**が導入された。これにより，企業は定款で1単元の株数を自由に定めることができるようになったものの，依然として単位株時代の株数のまま変更していない企業も多い。

単元未満株式

　旧商法では，1単元に満たない株式を単元未満株式と定め，1株に満たない株式は端株（はかぶ）として規定が設けられていた。しかし，会社法では端株

制度は廃止，単元未満株式に統合された。また，単元未満株式の換金は原則として発行会社に対する売買請求で行われる。

指値注文と成行注文

投資家が証券会社をとおして証券取引所に売買注文を出すとき，売買希望価格の提示方法として，指値注文または成行注文といった方法のどちらかを指定しなければならない。

指値注文とは，買い注文であれば買い指値，売り注文であれば売り指値のことをいう。買い指値は注文者が許容できる最高価格，売り指値は注文者が許容できる最低価格を意味する。簡単には，"○○円（以下）で買いたい，とか○○円（以上）で売りたい"という具体的な値段を指定する注文を指値という。自分が買い注文を出す場合，買値の上限を，売り注文を出す場合，売値の下限値を指定するので，指定した価格より高く買うことや，安く売ることはない。また，2006年より逆指値注文が可能になった。これは特定の価格より株式価格が上昇すれば買い，特定の価格より株式価格が下落すれば売りが行われる注文である。成行注文とは売買価格を指定せずに，売買したい数量のみを指定する注文方法である。

(2) 取引所での約定方式

証券取引所内での約定の方式として，オーダードリブン（Order-Driven）型（またはオークション型ともよばれる），マーケットメイキング（Market-Making）型，スペシャリスト（Specialist）型の3つがある。

オーダードリブン型

日本の証券取引所の多くはオーダードリブン型を採用してきた。取引が行われる時間（立会時間）は午前9時から11時，午後0時30分から午後3時までに分かれている。午前の立会時間を前場（ぜんば），午後の立会時間を後場（ごば）という。

オーダードリブン型では，取引が開始される**寄付き**（よりつき），立会時間中の**ザラバ**，取引終了時の**引け**で，それぞれ異なった価格決定方式を採用している。

寄付きおよび引けの価格決定方式は**板寄せ方式**とよばれ，取引開始時までに出されたすべての注文が同時に出されたものとして，価格優先の原則に従って処理される。まず成行注文が優先され，売りと買いの数量が一致するところで注文が処理され，ここで処理されなかった成行注文は，次の段階で行われる指値注文と一緒に処理される。指値注文の処理では，指値よりも好条件で売買できる売りと買いの累計注文数が最大となる価格を約定価格とする。

こうして決定された価格は，取引開始時の板寄せでは**始値**（はじめね），取引終了時では**引値**（ひけね）となる。

■板寄せの例

<板情報>

累計（株）	売り注文	（株）	指値／成行	買い注文	（株）	累計（株）
	A	1,000	成行			
			1,080 円	F	1,000	
9,000	B	2,000	1,070 円	G	2,000	3,000
7,000	C	2,000	1,060 円	H	2,000	5,000
5,000	D	1,000	1,050 円	I	4,000	9,000
4,000	E	3,000	1,040 円			

1 約定価格を 1,040 円と仮定すると，約定できる売り注文は AE（合計 4,000 株），一方買い注文は FGHI（合計 9,000 株）となり，売り注文の数量＜買い注文の数量。
2 次に約定価格を 1,050 円と仮定すると，この価格で約定できる売り注文は AED（合計 5,000 株），一方買い注文は FGHI（合計 9,000 株），売り注文の数量＜買い注文の数量となるので，買い注文のうち 4,000 株が約定できない。
3 次に約定価格を 1,060 円と仮定すると，この価格で約定できる売り注文は AEDC（合計 7,000 株），一方買い注文は FGH（合計 5,000 株），売り注文の数量＞買い注文の数量となるので，売り注文のうち 2,000 株が約定できない。
4 対当できる累計注文数は同じであるものの，約定価格を 1,050 円としたときより，1,060 円としたときのほうが，指値が条件を満たしているにもかかわらず約定できない株数が少ない。
5 約定価格 1,060 円，約定株数 5,000 株で決定。
6 売り注文のうち BC，買い注文のうち I は約定できずに残る。

立会時間中の注文は、ザラバ方式によって価格優先と時間優先の原則に従い、最も低い価格の売り注文と最も価格の高い買い注文が合致するときに売買が成立する。ここでも、成行注文は指値注文より優先する。

■ザラバの例

<板情報>

売り注文（株）	指値／成行	買い注文（株）
A：2,000	1,050 円	
B：2,000	1,040 円	
C：1,000	1,040 円	
	1,030 円	D：1,000

1 価格が一致する指値注文、あるいは指値注文に付け合せる成行注文がないため、このままでは約定しない。
2 ここに、E：1,040 円の買い指値注文 1,000 株が入ると、B と C のうち時間優先の原則に従って B の 1,000 株と、E で取引が対当、約定価格は 1,040 円で決定される。B のうち 1,000 株が残る。
（注）A、B、C および D は注文の入った時間順で並べられている。

反対注文と対当させることで売買が成立するオーダードリブン型では、何らかの理由で売りまたは買いに注文が殺到すると、価格が急激に変動する可能性がある。そのため、短時間内での約定価格の大幅な変動を防ぎ、その間に投資家に冷静さを取り戻させるための措置として、更新値幅制限（直前の約定価格と比べた一定時間内の値幅制限）や制限値幅（前日と比べた当日の値幅制限（ストップ高、ストップ安とよばれる））が設けられている。

マーケットメイキング型

アメリカのナスダック（NASDAQ）や日本のジャスダック（JASDAQ）で採用されている（ジャスダックではオーダードリブンも併用している）。この方式では、マーケットメーカーとよばれる仲介者（証券会社）が証券取引所内におり、マーケットメイク銘柄として指定された銘柄について、各マーケットメーカーが各

自の売り気配（ask，顧客にとっての買値）と買い気配（bid，顧客にとっての売値）を常に提示する。また，マーケットメーカーは，その気配値に対して売買注文があれば，最小単位は必ず応じなければならないことになっている。つまり，マーケットメーカーが自己勘定で売買注文価格を提示し，投資家から注文を誘い，取引を成立させようというのがマーケットメイク方式である。したがって投資家は，マーケットメーカーとなっている証券会社と相対売買を行うことになる。

|スペシャリスト型|

　ニューヨーク証券取引所（NYSE）で採用されている。スペシャリストは，指値注文の受け付けを行い，同時にマーケットメーカーとしての役割を果たす。スペシャリストはオーダードブリン型で行われている一定の優先原則に従って注文をマッチングさせることを第一に，注文が売りか買いのどちらか一方に偏った場合は，マーケットメイク型で行われているマーケットメーカーとして自己勘定で売買に応じることが義務付けられている。これはオーダードリブン型とマーケットメイク型との折衷方式であるといえる。

(3) 立会外取引

　立会時間外に取引所のシステムを使って，投資家が証券会社と相対で行う取引。東証の場合，1997年11月から，8：20-9：00，11：00-12：30，15：00-16：30の時間帯で，一定株数以上の大口取引と複数の銘柄を同時に取引するバスケット取引について，立会時間内に成立した価格を基準にクロス取引（大口の一括同時取引）を処理している。

　立会外取引はトストネット（ToSTNeT）取引によって行われる。この取引はオークション取引が行われている時間以外の時間帯に，オークション取引で決定した終値から一定の範囲内の価格での取引を可能とするものである。

バスケット取引

投資家が複数の銘柄を1つの取引として証券会社に発注する方法で，売買注文したすべての銘柄の約定が一括して完了する利点がある。つまり，複数の銘柄を一度に売買する場合に使われる取引であり，バスケットとは複数の銘柄をバスケット（かご）にいれて，バスケットごとに売買することを意味している。

VWAP（Volume Weighted Average Price，ブイワップ）

VWAPとは，取引所内で当日に約定されたすべての株価を，各約定株数で加重平均した価格のことである。銘柄ごとに計算される。大口注文者がVWAPで取引できるなら，取引時間を分散して約定したことと同じ効果があるため，自らの大量注文によって価格を変動させてしまう事態（マーケット・インパクト）を回避できる。

注文者が売買を発注するにあたり，VWAP価格で約定するよう指定したVWAPギャランティー取引がある。売買注文を出す場合，成行の場合は約定価格が予想外に変動するリスクが存在し，指値の場合は売買が成立しないリスクが存在するが，VWAPギャランティー取引では，VWAPを用いて，証券会社が相手方となって約定を成立させるため，上記のリスクを軽減することができる。

（4）取引所外取引

1998年12月，取引所会員業者（証券会社）による上場株式取引の取引所への集中義務が撤廃された。つまり，証券取引所に上場されている株式の売買に課されていた**取引所集中義務**が撤廃されたことにより，投資家と相対取引で，証券会社は取引所外で売買することが可能となった。これにより，市場間の競争が活発化し，株式取引が全体として効率的に行われると期待される。

同年同月，**私設取引システム**（PTS：Proprietary Trading System）制度が導入され，証券会社がこれを運営することを認められた。さらに2005年4月にPTSは取引所と同様に需給関係で株価が決まるオークション方式での取引が可能になった。

3. 債券市場

　第1章でみたように，債券の種類は非常に多い。債券を分類する場合，発行者による分類，券面による分類，募集方法による分類，担保の有無による分類などがある。

　発行者によって分類する場合，国が発行する国債，地方公共団体が発行する地方債，政府関係機関が発行する政府関係機関債，特定の金融機関が発行する金融債，民間事業会社が発行する社債などがある。券面の形態によって分類すると，発行から償還までの間，あらかじめ定められた期日に利息が支払われる

図表 2 − 7

公社債	国　債	超長期国債	30年（固定利付） 20年（固定利付） 15年（変動利付）
		長期国債	10年
		中期国債	5年（固定利付） 2年（固定利付）
		割引短期国債（TB）	1年・6月
		政府短期証券（FB）	13週（原則）
	地方債	市場公募債	
		ミニ公募債	
		非公募債	
	特殊債	政府保証債	
		政府非保証債	
	金融債	利付金融債	
		割引金融債	
	社　債	普通債	
		新株予約権付社債	
		資産担保型社債	
	外国債	居住者海外発行	ユーロ円債
		非居住者国内発行	円建て外債（サムライ債） 外貨建て外債（ショーグン債）

利付債，利息がないかわりに額面から利付相当分を割り引いた価格で発行される割引債に分けられる。募集方法によって分類すると，不特定かつ多数の一般投資家を対象として発行される公募債，少数特定の投資家を対象として発行される非公募債（私募債）に分けられる。担保の有無によって分類すると，担保付き社債，無担保社債に分けられる。

|債券市場の特色|

先にみたように，現在日本で取引されている債券の銘柄数は非常に多い（株式の数千銘柄に対し，債券は数万銘柄）。ただし発行量の大部分は国債である。2005年末，債券残高構成比は，国債70％，地方債6％，政府関係機関債8％，社債7％，その他9％となっている。また特徴として，取引所よりも，店頭市場での売買が圧倒的に多い。さらに，売買される債券の大部分は国債である。そして，債券市場に参加している投資家の主役は個人投資家ではなく機関投資家である。

3-1 債券発行市場

債券の発行市場は，資金を調達する発行者，資金を運用する投資家，発行した債券を引き受ける引受機関（銀行，証券会社），社債管理者，格付機関で構成される。

(1) 引受機関（アンダーライター）

アンダーライターとは，債券の発行にあたって，投資家へ募集や売り出しなどを行うことを目的に，発行体から債券の全部または一部を引き受ける機関，または債券を売り出した結果，残った債券の全部を取得する契約を行う機関のことである。株式と同様，証券会社がアンダーライターとなるほか，公共債の場合は銀行もアンダーライターとなることができる。アンダーライターは，債券発行体の信用力や投資家の需要を調査したうえで，発行額，クーポンレート（利率），発行価格などを決定する。

(2) 公共債の引受け

公共債は公募発行の場合，シ団引受と公募入札の2つの方式で発行される。証券の発行にあたり，複数のアンダーライターが引受シンジケート団（引受シ団）を結成し共同で引き受ける場合がシ団引受で，引受主幹事に指名されたアンダーライターがシ団全体をとりまとめ，証券の発行条件を決定する。この方式は，発行額が大きい場合に用いられることが多い。

他方，アンダーライターが発行条件を決めるのではなく，直接募集の形で入札参加者に希望する発行条件や取得希望額を入札させ，その入札状況に基づいて発行条件および発行額を決定する方式が公募入札である。

公募入札の場合，価格競争コンベンショナル方式とイールド競争入札ダッチ方式がある。前者はクーポンレートを事前に決めて価格を入札させる方式であり，後者はクーポンレートを事前に決めずに利回りを入札させる方式である。後者では，利回りの低いものから順次，落札となる。

(3) 社債管理者

公共債と異なり，社債にはデフォルトのリスクがある。そのデフォルトに際して，社債権者を代表して権利の保全（例えば，社債権者集会の開催）を取り仕切るのが社債管理者である。投資家保護の観点から，会社法によって，設置が原則として義務付けられている。銀行，信託会社などが社債管理者となれる。

また，社債管理者の機能として，次のような機能があるといわれている。
1. 発行企業の財務状況をモニターするモニタリング機能
2. 債権回収等の債権者保護機能
3. 元利金支払い事務の取扱い代表としての機能
4. 債券の発行事務を代行する機能

(4) 格付機関

格付機関は，債券発行者の元本および利子の支払い遂行能力（信用度）を中立的な立場から評価する機関である。債券の信用度は格付記号で表される（例，

AAA～Cなど)。投資家は格付けを投資判断材料としている。格付けは債券による資金調達金利に影響を及ぼし，高格付であれば調達金利は低くなり，低格付であれば調達金利は高くなる。

　そのため，債券に投資する場合，どのような格付けが格付機関により付与されているか注意しなければならない。一般的に，BBB (Baa) 以上は投資適格，BB (Ba) 以下は投機的であるとされる。

3-2　債券流通市場

　債券流通市場は，投資家や証券会社などが既発の債券を取引する市場のことである。流通市場は店頭取引と取引所取引に分けられる。

(1) 店頭市場

　すでに発行され流通している債券の売買は，証券取引所または店頭市場で行われる。店頭市場では，証券会社と投資家，もしくは証券会社同士の相対取引によって売買され，同一銘柄の債券であっても，取引当事者ごとで決定される価格が異なる場合がある。そのため店頭取引の円滑化，投資家保護の観点から，売買価格の参考情報として，日本では日本証券業協会が店頭気配値を公表している。

　取引のほとんどが証券取引所で行われる株式とは違い，債券は現物売買金額の99％以上が店頭市場で取引されている。欧米の債券市場も同様の状況にある。なぜ店頭取引が主流なのか，その理由は以下のようなことからである。

　まず，債券の銘柄数は非常に多い。債券は同一の発行体で複数の銘柄を発行できる。また，債券はさまざまな発行形態があり，各銘柄債券の発行金額も大きいものから小さいものまである。さらに国債などは最小取引金額が非常に大きい。そのため，ほとんどの債券が大量の資金と投資ノウハウを有した機関投資家向けとして発行されている。また，制約の多い取引所取引よりも，店頭取引のほうが機関投資家にとって自由度が高い。これらのことが，大部分の取引が店頭市場で行われる要因となっている。

(2) 取引所取引

　取引所取引は，証券取引所に上場された債券を取引することである。この取引では注文を証券会社などをとおして，取引所に取りついでその取引を成立させる。株式と異なり債券では，現物売買金額の全体のうち，証券取引所で取引される割合は1％未満でしかない。しかし，取引所取引は，公正に形成された価格を広く一般に公示し，店頭取引に際して参考価格を与えるといった重要な機能を担っている。

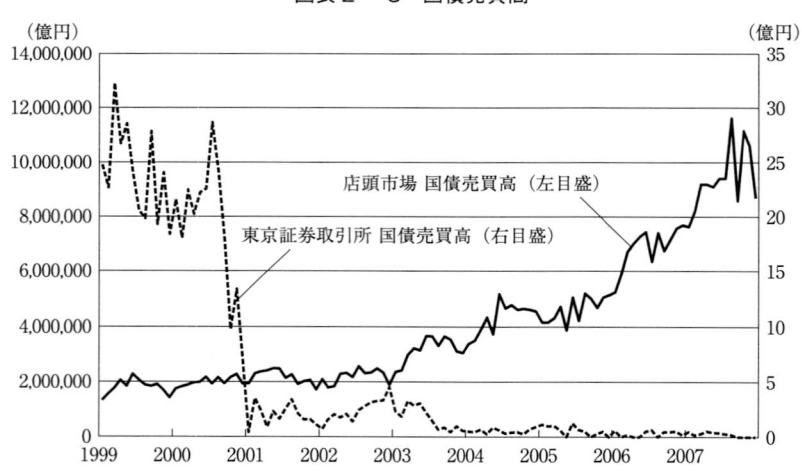

図表2－8　国債売買高

出所：日本証券業協会資料，日経 NEEDS より作成。

(3) 日本の債券流通市場の現状

　店頭市場での種類別の売買額と，その市場全体での割合をみると，国債の売買が大部分を占めている。従来はそのうち利付長期国債が売買の中心となっていたが，近年は他の種類の国債のウエイトも上昇している。しかし，国債以外の債券の取引は非常に少ない。

　これまでの債券市場の推移をみると，1960年まで未発達の状態であった。1970年代にはいると，国債の大量発行が行われ，規制緩和により流動性があ

がった。さらに1980年代になると、発行残高の急増と短期間の反復売買が盛んに行われ、売買高が増大した。その後一時的な売買高の減少はみられたが、現在でも国債の発行残高は高水準のままである。また、2003年に発行された個人向け国債なども流通している。

図表2－9　2007年度　店頭市場での債券種類別売買高

	国債						公募地方債
		利付超長期	利付長期	利付中期	割引短期、TB	政府短期証券、FB	
売買高（兆円）	12,323	2,522	4,017	3,156	239	2,390	48
構成比	98.3%	20.1%	32.0%	25.2%	1.9%	19.1%	0.4%

	政府保証債	財投機関債等	金融債		社債	新株予約権付社債	合計
				うち利付			
売買高（兆円）	35	19	18	18	51	1	12,534
構成比	0.3%	0.1%	0.1%	0.1%	0.4%	0.0%	100.0%

（注）現先売買高を含む額面ベース。
出所：日本証券業協会資料より作成。

図表2－10　債券の投資家別保有状況（2007年度末、債券別の保有構成比）

	中央政府	銀行等	保険	年金計	証券投資信託	公的金融機関	非金融法人企	家計	海外	発行残高（兆円）
政府短期証券	25.4%	48.6%	4.5%	0.1%		9.9%	0.0%	0.0%	12.5%	95.8
国債・財融債	0.1%	38.2%	20.0%	16.2%	1.5%	1.8%	0.4%	5.6%	7.8%	645.2
地方債	0.1%	38.9%	28.4%	10.9%	0.5%	0.2%	3.7%	2.0%		65.3
政府関係機関債	0.3%	32.2%	31.3%	16.2%	0.3%	8.0%	5.1%	0.8%	4.1%	72.5
金融債	0.6%	54.5%	3.2%	21.5%	1.7%	1.9%	6.7%	8.5%	0.0%	22.1
事業債	0.1%	46.3%	26.7%	21.8%	1.9%	0.1%	0.5%	0.1%	0.0%	67.4
居住者発行外債		64.4%	7.6%	9.1%	18.9%		0.0%		88.1%	9.6
CP		30.1%	10.8%	0.6%	16.4%	33.1%				14.9
債権流動化関連商品		39.5%	29.2%	3.5%	4.0%		19.7%		2.7%	32.5

（注）すべての投資家ではないため内訳合計は100%にならない。
出所：日本銀行「資金循環勘定表」。

4. 証券会社

　証券会社は，発行市場と流通市場において証券取引を仲介する役割を担っている。ここでは，直接金融の主要な担い手である証券会社の業務について簡単に紹介する。

4-1　証券会社の業務

　証券発行市場，流通市場での仲介機関である証券会社は多様な業務を行っているが，日本では証券会社の本業として，アンダーライターとしての引受業務（アンダーライティング），販売業者としての売り出し業務（セリング），ブローカーとしての委託業務（ブローキング），ディーラーとしての自己売買業務（ディーリング），といった4つがあげられる。これらは金融商品取引法により規定されたものである。

(1) アンダーライティング，セリング

　アンダーライティングとは，資金調達に関する証券業務のことである。アンダーライターは，株式や債券の発行において発行者に情報提供を行い，証券が発行されると資金供給者を探し出して販売する。

　公募によって有価証券を発行する場合，資金調達をより確実なものにするため，アンダーライターは，残額引受，買取引受といった手段を講じる。

　発行された証券の販売が不調に終わった場合，アンダーライター自身が一時的にその証券を保有する方法を残額引受，アンダーライターが発行もしくは売り出される証券の全部もしくは一部を最初に取得し，それを販売する方法を買取引受という。

　アンダーライティングと類似しているものの，発行された証券を投資家に販売するのみで，売れ残りのリスクを負担しない業務として，セリングがある。つまりセリングでは，売れ残っても証券会社は債券を引き受ける責任を持たない。

(2) ブローキング，ディーリング

　ブローキングとは，投資家からの売買注文を受け取り，取引相手を探す業務のことである。ブローキング業務では，取引相手が見つからなければ，投資家の売買注文が成立しないだけである。他方，売買が成立したときには，ブローカーは委託手数料を受け取る。

　ディーリングとは，投資家からの有価証券の売買注文に対して，証券会社が直接その取引相手となる業務のことである。そのために，（在庫としての品揃え管理のため）自己の勘定で有価証券を売買する。ディーリング業務として，証券会社が相対取引の形態で取引の相手方となることで，債券店頭市場での取引や株式の取引所外取引が成立する。

　証券会社が，自分自身の勘定で有価証券を保有すると，その価格変動の影響を受け，損失が発生しうる。これがディーリング業務のリスクとなる。

　ブローキング業務ではブローカーが顧客から委託手数料を受け取るが，ディーリング業務ではそのような手数料は取らない。その代わり，ディーラーは投資家に対して売り気配値（ask）と買い気配値（bid）を提示し，その差（ask−bid）がディーリング業務の収益となる。

4-2　免許制と登録制

　これまで，証券業は登録制と免許制をいったりきたりしていた。1948年，証券取引法により登録制を採用していたが，その後の証券不況により，1965年証券取引法改正により免許制に移行した。その免許制が1998年まで続くことになった。免許制は，大蔵省（当時）の免許を受けた株式会社だけが証券業を営むことができるとされるもので，証券業への自由な参入を妨げることとなる。そこで，新規参入を増やし国際的に競争力のある証券市場を目的に，1998年の制度改革により，登録制となった。ただし，専門性が高く，顧客からの高い信頼を必要とする業務（店頭デリバティブ業務，私設取引システム（PTS）など）については，登録制よりもハードルの高い認可制となっている。

4-3　証券会社の現状

　1990年代，バブル崩壊後の長期にわたる証券市場の低迷により，証券会社の合併，統廃合がすすんだ。

　その間，売買委託手数料が徐々に引き下げられ，1999年10月には完全に自由化された。これにより，証券会社の収益構造は大きく変化した。特にインターネット取引での手数料が大幅に低下している。

　また，証券会社は総合金融サービス業としての発展が期待されている。2003年，証券取引法の改正に基づき，金融機関以外の者にも証券取引の仲介を認める証券仲介業制度が2004年4月から始まった。金融商品取引法では，市場デリバティブ取引の委託の媒介も行えるようになり，名称も証券仲介業から金融商品仲介業に改められた。証券会社に求められているサービスは多くなる。

　2007年から2008年のサブプライム問題を発端にした金融危機により，今後さらに証券業界の再編が進む可能性が高い。

第3章
証券投資の概論

　第3章では，株式投資を主な例に取りながら，証券投資の考え方を紹介する。本章でとりあげている証券投資の概論は，伝統的なファイナンス理論だけでなく，そこでは触れられていない事柄も含んでいる。その理由はそれらの事柄が，証券投資を考える際に重要であると考えているからである。

　まず，投資理論を説明するまえに，証券投資とマクロ経済の関係について説明する。証券投資とマクロ経済指標は一見関係のないものと思われるかもしれないが，両者には重要な関係がある。

1. 証券投資とマクロ経済

　金融資産の投資収益率は，理論的には基本となる金利にリスク・プレミアム（リスクに対する，投資家の割り増し請求収益率）が上乗せされたものと考えられる。

　長期の名目利子率として10年国債利回り，短期の名目利子率としてコールレート，株式投資収益率として日本証券経済研究所が公表している株式投資収益率，経済成長率として名目GDP前年比伸び率をとり，5年間の平均をみてみよう。株式投資収益率の5年間平均が大きく落ち込んだバブル崩壊直後の時期（1991年-1995年）と，ITバブル崩壊と景気後退があった時期（2001年-2005年）を例外として，他の期間では，リスクの大小を反映して「コールレート＜10年国債利回り＜株式投資収益率」という関係が成立していることがわかる。5年間の平均でみても，株式投資収益率の変動が大きいが，これは株式がそれだけリスクの大きい資産であることを物語っているといえよう。

また、金利は経済成長率を反映する。一般的に金利は経済成長率が上昇すると高くなり、下落すると低くなる。実際、データでみると、名目GDP成長率は長短金利とほぼ同じ趨勢をたどっている。したがって、証券投資によってどの程度の収益を上げられるかをおおまかに予想するためには、まず、経済成長率を予想することが重要であることがわかる。

図表3-1　株式投資年間収益率、長期金利、コールレート、名目GDP前年比成長率の過去5年平均の推移

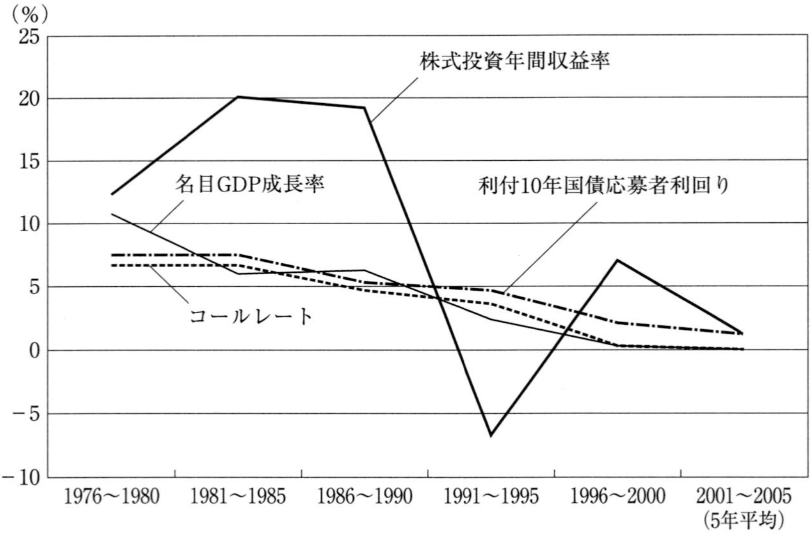

出所：内閣府、日本銀行、日本証券経済研究所資料より作成。

2. 株式投資のための基本知識

この節では、実際の証券投資にあたり重要と思われる事項をとりあげる。高いリターンを狙うには高いリスクをとらなければならず、自分の身の丈に合った範囲内でリスク負担することが重要であること。短期投資より長期投資が有利であるとは必ずしもいえないこと。市場平均以上の運用成績をあげることは

極めて難しいことをあらかじめ理解したうえで投資を行う必要があること，などである．

2-1　借入と株式投資

ここでは，投資を借入によって行うことを考えてみよう．借入を行うとは借金をするということである．借金をして投資を行おうなどと，愚かだと思うかもしれない．直感的にはそれが正しいかもしれない．ただ理論的には，少ない元手で，つまり少ない投資資金で，多くのリターン（見返り）を得ることができることが証明されている．借入を行って投資を行うことで元手ゼロでも，リターンを得ることが可能である．しかし，これはリスクが大きいことを説明する[*]．

借金をして株式投資をすると，手持ち資金だけで株式に投資したときよりも，リスクが大きくなる可能性がある．そのことを次に示す．ただし，ここで使うリスクは厳密な意味でのリスクではないことに注意する必要がある．厳密には，第4章のなかでリスクの定義を行う．まずは，直感的に理解してほしい．

以下，初期資金を100万円，安全資産収益率を1％，借入利子率を5％，投資1年後にそれぞれ50％の確率で株価が30％上昇するかあるいは10％下落する（したがって平均的な株価上昇率は10％），といった単純な数値例を用いることとする．

まずケース1で全額を株式に投資した場合にリターンがどれだけ得られるのか，次にケース2で借入を行い，その借入を追加して投資を行う場合にリターンがどれだけ得られるのかを考える．

---

[*]　2007年以降顕在化したアメリカ発金融危機において，問題を拡大した一因として，資本の30倍，40倍もの額の借入を行い，証券化商品などの金融商品に投資していた金融機関が，その投資が裏目に出て多額の損失をこうむったことが指摘されている．リスク管理の重要さを物語る実例といえよう．

<ケース1> 自己資金のみで投資する場合

　100万円全額をこの株式に投資したとする。このとき1年後，株価が上昇した場合130万円，下落した場合90万円，確率的な平均値（期待値）110万円となる。株価が上昇した場合（投資がうまくいった場合）と下落した場合（投資がうまくいかなかった場合）との差額をリスクとすると（図表3-2のa-b），このケースではリスクは40万円，リスク1単位当たりの期待値は2.75万円（＝110÷40）となる[*]。

<ケース2> 自己資金と借入を組み合わせて投資する場合

　借入金利5％で100万円借り入れ，200万円をこの株式に投資すると，1年後，借金を返済した後に残る金額は，株価が上昇した場合155万円，下落した場合75万円，期待値は115万円となる。この場合のリスクは80万円と，ケース1のリスクよりはるかに大きくなり，リスク1単位当たりの期待値は1.44万円（＝115÷80）となる。

|この数値例からわかること|

　借金を投資資金に加えるほうが，株価が上昇したときの儲けは大きくなるが，下落したときの損失も大きくなる。これがリスクの概念そのものである。借金を投資資金に加えることなく投資したとしてもハイリスク・ハイリターンであるのに，借金を投資資金に加えることで，さらにハイリスク・ハイリターンになる。このリスクの増加に見合った分だけ，かならず期待値が大きくなれば良いが，その保証は無いのである。

　また，過去の借金を返済しないまま，つまり現在も借金をしたままで，資金を株式投資に使う場合も似たような状況となる。なぜなら，資金があるにもかかわらず借金を返済しないということは，いったん借金を返済してから，また

---

[*]　ここではリスクを，価格が上昇した時と価格が下落した時の差額としているが，通常は収益率の標準偏差で定義される。標準偏差については第4章参照。

図表3－2　株式投資のシミュレーション

(前提)
安全資産収益率　　1％
借入利子率　　　　5％
株価上昇（倍）　　1.3
株価下落（倍）　　0.9

| 初期投資額 || 1期後の資産価値 || 平均 | a－b |
安全資産	株式	株価上昇 a	株価下落 b		（＝リスク）
100	0	101.0	101.0	101.0	0.0
90	10	103.9	99.9	101.9	4.0
80	20	106.8	98.8	102.8	8.0
70	30	109.7	97.7	103.7	12.0
60	40	112.6	96.6	104.6	16.0
50	50	115.5	95.5	105.5	20.0
40	60	118.4	94.4	106.4	24.0
30	70	121.3	93.3	107.3	28.0
20	80	124.2	92.2	108.2	32.0
10	90	127.1	91.1	109.1	36.0
0	100	130.0	90.0	110.0	40.0
－10	110	132.5	88.5	110.5	44.0
－20	120	135.0	87.0	111.0	48.0
－30	130	137.5	85.5	111.5	52.0
－40	140	140.0	84.0	112.0	56.0
－50	150	142.5	82.5	112.5	60.0
－60	160	145.0	81.0	113.0	64.0
－70	170	147.5	79.5	113.5	68.0
－80	180	150.0	78.0	114.0	72.0
－90	190	152.5	76.5	114.5	76.0
－100	200	155.0	75.0	115.0	80.0

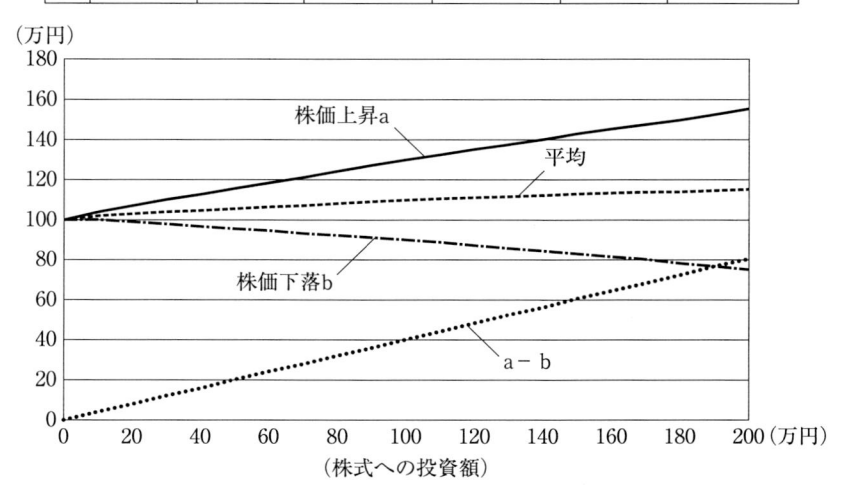

（借り入れ：－10 ～ －100 の行）

投資のために資金を借りたのと同じだからである。これを以下の例を使ってみてみよう。

<ケース3> 借金を返済する場合
　先の数値例を踏襲しながら，余剰資金100万円のほか，現在100万円の借金がある（借入金利5%）とする。1年後に元利返済するなら105万円が必要となる。これに対して現時点で完済すれば100万円で済むので，現時点で借金を完済した場合，1年後の利払い5万円を節約できる（あらたな利息は発生しないということ）。つまり100万円の元手で1年後に5万円の収益を得るのと同じことになるので，収益率は5%，かつリスクはゼロである。

<ケース4> 借金を返済しない場合
　他方，現時点で借金を完済せずに（または余剰資金でいったん借金を返済し，すぐにまた100万円借りる），資金100万円を株式投資に使うと，1年後，株価が上昇すれば130万円となり，その時点で借金を返済すれば25万円手元に残るが，株価が下落すると90万円となるので，その時点で借金を返済すると，15万円だけ資金が不足する。手元に残る資金の期待値は5万円なので，期待収益率は5%。しかし，この場合リスクは40（=25−(−15)）となり，ケース3の場合よりリスクが大きくなる。

|この数値例からわかること|
　借金がある場合，借入金利が高いほど，株式投資よりも借金の返済のほうが有利となる。例えば上の例で借入金利が10%の場合，現時点で借金を完済せずに，株式投資を行うと，手元に残る資金の期待値0万円，期待収益率0%，リスク40となる。これに対し，現時点で借金を返済すると，収益率10%，リスクゼロである。

2−2　長期投資と短期投資

　短期投資よりも，長期投資のほうがリスクが小さくなると説明されることがある。しかし，実際のデータを使って確認すると，それがいつも当てはまるとはいえない。このことを次の例を用いて考える。

　長期投資といった場合，(A) 短期保有した銘柄を長期間にわたり回転売買する，(B) 投資した銘柄を，バイ・アンド・ホールドとして長期間保有する，といった2つの方法が考えられよう。

＜(A) のケース＞

　短期投資の収益率はさまざまな値をとるが，実現した各収益率を長期にわたり通算して平均すれば，一定の値に収斂していく。またこの場合，長期になるとリスクの大きさも一定の値に収斂していくが，小さくなっていくとはいえない。

＜(B) のケース＞

　投資時点から各時点までの累積収益率は，各時点の相場動向に左右されて変動するため，長期保有してもリスクは低下しない。

　まず (A) のケースから考えてみよう。
　TOPIX[*] に投資し，12カ月後にそれを売却するという1年間投資を1970年1月から毎月継続的に行った場合の年間収益率（図表3−3「年間収益率」）をみると，おおむね一定のレンジ（+60%～−40%）でさまざまな値が実現している（ただし，売買コストは考慮していない）。1970年1月時点から各時点までの間で，通算平均（次式参照）をとると，通算期間が長くなるにつれ通算平均の値が一定の値に収斂していく（図表3−3「通算平均」）。

---

[*]　実際には，TOPIX という名の企業は存在しないので，以下の考察は，TOPIX 連動型の投資信託に投資すると考えれば良い。

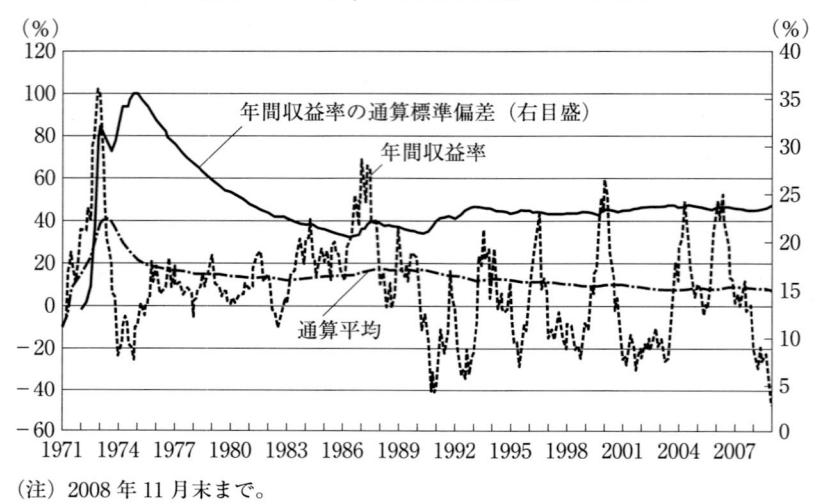

図表3−3　毎月，1年間投資を繰り返した場合

通算平均＝1970.1から各時点までの年間収益率の単純平均

$$=\frac{1970.1から各時点までの年間収益率の合計}{1970.1から各時点までの月数}$$

(注) 2008年11月末まで。

　また，年間収益率の通算リスク (1970.1から各時点までの年間収益率の標準偏差[*])も，計算期間が長くなると一定の値に収斂していく (図表3−3「年間収益率の通算標準偏差」)。

　以上の結果は，各1年間投資では収益率がプラスにもマイナスにもなるが，その値が一定のレンジに収まっているため，1年間投資を長期にわたって繰り返し行えば，通算成績は一定の値に落ち着くということを意味する（1970年1月から2008年11月までのシミュレーション結果では8.0％）。つまり，回転売買を長期間続けても，リスクが低下したり収益率が向上するとはいえない。

　つぎに，(B) のケースについて考えてみよう。

---

[*] 標準偏差については第4章参照。

第 3 章　証券投資の概論 ○── 55

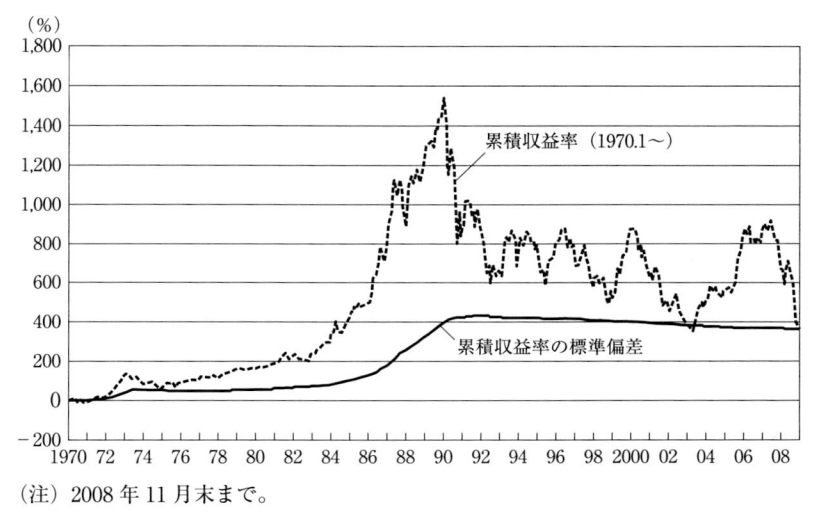

図表 3 − 4　長期保有した場合（1）

(注) 2008 年 11 月末まで。

図表 3 − 4 は，1970 年 1 月に，TOPIX に投資し，それを保有し続けた場合の，その後の累積収益率（図表 3 − 4「累積収益率（1970.1 〜）」，次式参照）と，その通算リスク（図表 3 − 4「累積収益率の標準偏差」，投資時点から各時点までの累積収益率の標準偏差）をみたものである。ここでは，累積収益率を次の式のように定義している。

$$累積収益率 = \frac{各時点での投資額時価 - 初期投資額}{初期投資額}$$

図表 3 − 5 は先の例と同じ考え方で，バブル崩壊後の 1991 年 1 月に投資した場合の累積収益率と累積リスクをみたものである。

これらをみると，両ケースとも，保有期間が長くなっても，累積リスクは小さくならず，収益率は保有期間ではなくその時々の相場に左右されていることがわかる。

よって，短期投資よりも，長期投資のほうがリスクが小さくなると説明されることが，いつもあてはまるとはいえないということである。

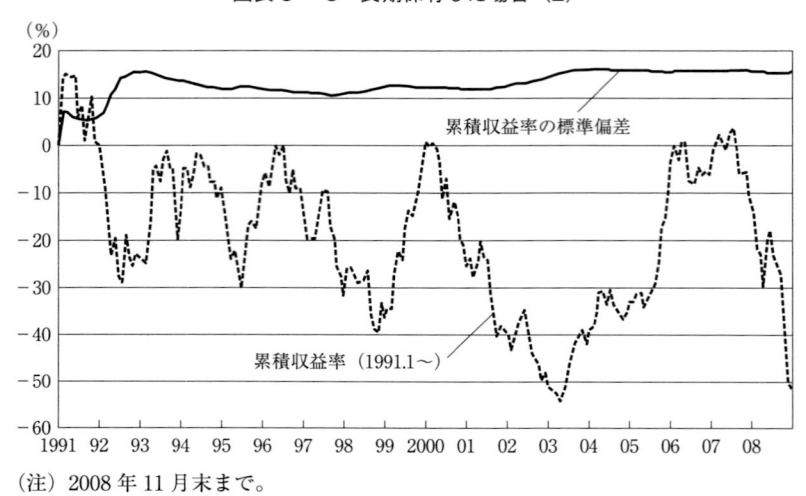

図表3－5　長期保有した場合（2）

(注) 2008年11月末まで。

| 回転売買の長期繰り返しが有利か？　長期保有が有利か？ |

(1) 手数料

　以上のシミュレーションでは考慮しなかったが，実際には売買に際して手数料がかかるため，回転売買は取引コストがかさみ，収益面で不利となる。しかも，手数料は小口資金ほど高くつく場合がある。短期的には無視できるような大きさの手数料であっても，長期間繰り返すとそれが累積するため，大きなロスとなる。また売却益が出た場合，課税されることも考慮すれば，回転売買のコストはさらに大きくなる。したがって，同じ銘柄で回転売買する場合だけでなく，投資した銘柄を頻繁に入れ替えたりするのは，その頻度によっては必ずしも得策でない。

　他方，一度投資した銘柄をバイ・アンド・ホールドとして長期間保有する場合，手数料は買うときと最後に売るときの2回限りなので，投資期間が長くなるほど，年当たりの手数料が希釈される。

(2) 企業の利益

株式投資収益の源泉は，企業利益であるから，企業に利益を稼がせる十分な時間を与える長期保有のほうが，株式投資収益が大きくなる傾向がある（もちろん，その企業が長期にわたって赤字続きになる場合は例外）。逆にデイ・トレードのような超短期投資では，その期間中に企業が利益をあげることはできないため，誰かが儲ければ他の誰かが必ず損をするというゼロ・サム・ゲームにしかならない。

(3) 分散効果

長期保有でリスクを小さくすることはできなくても，長期にわたって新規資金を複数の銘柄に分散投資していった場合は，各銘柄のリスクが相互に打ち消しあう「分散効果」が働くため，ポートフォリオ（運用対象の総体）のリスクを下げることができる。

以上までは，最初に投資したものを長期保有したときの結果を考えたが，追加資金を継続的に投資し，なおかつ長期保有した場合はどうか？

この場合，新規資金の投入時点を分散することになるので，長期保有の複合効果をみることになる。

図表3-6はバブル崩壊後の1991年1月から毎月1万円，TOPIXに継続投資した場合の投資総額および投資残高の時価がいくらになっていたかをシミュレーションしたものである[*]。ただし，これまでと同様，売買コストは無視する。投資残高の時価が，相場動向によって投資総額の周りを上下しながら増加していくことがわかる。

---

[*] TOPIX連動型投信に投資するということは，海外資産まで含めて考えた場合は国際分散投資できていないが，東証1部上場銘柄に対しては銘柄分散効果が働いているといえる。また，ここでは新規資金を継続的に投資しているため，投資時期の時間分散効果も働いている。

図表 3-6　毎月 1 万円，TOPIX に継続投資した場合

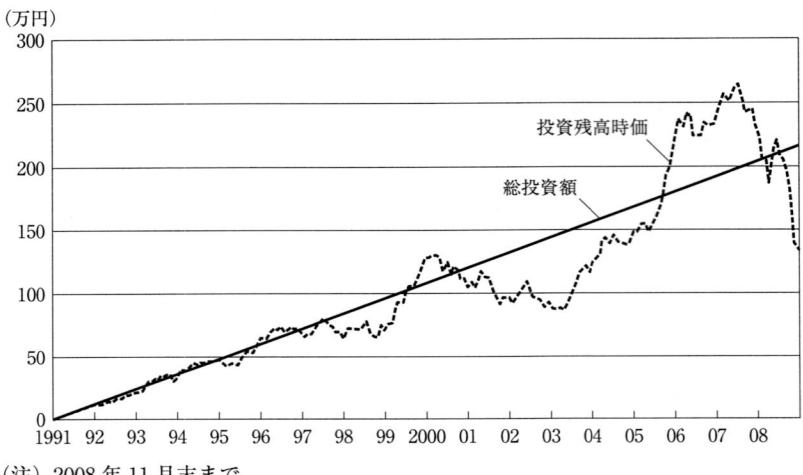

（万円）

投資残高時価

総投資額

（注）2008 年 11 月末まで。

TOPIX の推移

（ポイント）

（注）2008 年 11 月末まで。

2-3 投資信託は有利な投資対象か？

一般的に自分で運用するより，優秀なファンドマネージャーが運用するファンド（投資信託）に投資するほうが有利と説明されることがある。これを仮説Xとしよう。

仮説X：自分で運用するより，優秀なファンドマネージャーが運用するファンドに投資するほうが有利である。

この仮説Xは支持されるだろうか？

この仮説Xは，将来値上がりを見込める銘柄を自分で探すより，将来にわたって好成績をあげ続けるファンドマネージャーを探すことのほうが簡単だということと同じである。つまり，この仮説のうらには，一般の投資家よりもファンドマネージャーのほうが運用能力が上だということがある。しかし現実は，将来値上がりを見込める銘柄を自分で探すことも，将来にわたって好成績をあげ続けるファンドマネージャーを探すことも，同程度に難しい。むしろ，投資信託では余計にコスト（販売手数料，信託報酬など）がかかる分だけ，結果的に不利となる可能性がある。

実際の事例でみてみよう。次の新聞記事は日本経済新聞2008.3.2からの引用である。これによると，2000年2月以前から運用され，かつ純資産が200億円以上のアクティブ運用型投信16本のうち，8年間の運用成績が市場平均であるTOPIXの収益を上回ったものは5本にすぎないことが示されている。

また，ある期間で運用成績が良かったファンドであっても，その後も好成績をあげ続けるとは限らない。つまり，勝ち続けるファンドマネージャーは存在しない。よって，あなたが自分で投資するかわりに，ファンドマネージャーを雇うなら，どのファンドマネージャーが成功するのかを予測する必要があるということである。そして，注意が必要なところだが，ファンドマネージャーはアクティブ運用者である可能性が高いのである。アクティブ運用については後

出所：日本経済新聞 2008.3.2。

ほど説明する*)。

　また，花形ファンドマネージャーを冠し，証券会社が販売に力を入れる投信ほど，信託報酬などのコストが大きくなる傾向があるが，コストの大きさと，運用成績には相関関係は見出せないとも報告されている。つまり，知名度の高い

---

*) 日本のファンドマネージャーにはハーディングといわれる行動が観察されることがアンケート調査によって示されている（首藤（2008）"ファンドマネージャーの行動バイアスとインセンティブ構造"）。これは日本の投資顧問会社，証券会社を含むファンドマネージャーに対して行ったアンケートの結果である。この結果からいえることは，日本のファンドマネージャーはある有名なファンドマネージャーが行った投資方法を真似して自らの投資を決定している可能性があるということである。この結果から考えると，日本のファンドマネージャーはそれほどアクティブ運用をしていないかもしれない。

ファンドマネージャーを雇うにはそれなりの報酬が必要であり，その報酬は信託の手数料に転嫁される。知名度が高ければ高いほどそのコストは高くなる。しかし，そのコストとファンドマネージャーの運用成績には正の関係がみられないということである。だとすれば，高いコストを払っている意味がないことになる。

投資信託の購入によるメリット

しかし，以下のような場合には，投資信託の利用は無意味ではない。

(1) 資金が小口すぎて，十分な分散投資をできない場合

十分な分散投資効果を得るためには，最少でも20銘柄程度の分散投資が必要であるとされる。そのためには，それ相応の資金が必要である。その資金がない場合には，次善策として，1万円以下から始められる投資信託に投資することも考えられる。

(2) 新興国株など，日本の個人投資家の投資手段が限られている場合

例えば，日本の個人投資家がインド株に直接投資することは現状ではできないので，投資信託を利用するのも1つの方法と考えられる。ただし，外国証券を運用対象とする投資信託に投資する場合，為替リスクも同時に負担することになるので，為替ヘッジをかけるか否かも併せて検討する必要がある。また新興国は市場規模が小さく流動性が乏しいうえ，市場の制度も未整備である場合が多いため，市場への資金流出入に伴う相場の変動が激しい（つまり，リスクが大きい）点にも留意する必要もある。

2-4 パッシブ運用とアクティブ運用

市場インデックス（市場平均）並みの運用成績を目指す運用をパッシブ運用，市場インデックス以上の運用成績を目指す運用をアクティブ運用とよぶ。

投資がうまくいった場合，アクティブ運用のほうがパッシブ運用よりパフォーマンスが良いが，実際には市場平均に対して，常に勝ち続けることは困難

である。また投信の場合，パッシブ運用ではインデックスに連動するよう機械的に銘柄を売買するだけで良いためコストが安いが，アクティブ運用の場合，運用の手間がかかる分だけコストが高くなる。

＜パッシブ運用投信とアクティブ運用投信の例＞[*]

トピックス・インデックスオープン（パッシブ運用）
　投信会社名：野村アセットマネジメント
　[**]購入時手数料率（税込）　2％
　解約時手数料額（税込）　25円
　解約時信託財産留保額　0％
　信託報酬及び監査報酬（税込）　0.62％

ノムラ・ジャパン・バリュー・オープン（アクティブ運用）
　投信会社名：野村アセットマネジメント
　購入時手数料率（税込）　3％
　解約時手数料額（税込）　0円
　解約時信託財産留保額　0.3％
　信託報酬及び監査報酬（税込）　1.52％

アクティブ運用の難しさ

投資信託の利用ではなく，自分自身でアクティブ運用した場合でも，市場インデックスにパフォーマンスで勝ち続けることは困難であるといえる。市場イ

---

[*] トピックス・インデックスオープンは http://www.morningstar.co.jp/webasp/yahoo/cost/yh_cos_01311889.html，ノムラ・ジャパン・バリュー・オープンは http://www.morningstar.co.jp/webasp/yahoo/cost/yh_cos_0131197C.html からデータを拾った。

[**] 購入時手数料（＝販売手数料）と信託財産留保額は投信購入者が直接支払うコストで，基準価格には織り込まれない。他方，信託報酬はファンドの純資産から控除され，基準価格に織り込まれる。上記にあげたコストのほか，ファンドの組入銘柄の入れ替えに伴う売買コストなど，信託報酬と同様に純資産から控除され，基準価格のなかに織り込まれるコストもある。

ンデックスのパフォーマンスは，インデックス採用全銘柄のパフォーマンスの平均でもある。アクティブ運用でインデックスよりも好成績をあげるには，平均以上にパフォーマンスの良い銘柄を予想，そしてその予想が実際に当たらなければならない。

しかし，高パフォーマンスの銘柄を事前に予想し，事後的に当て続けることは，不可能といってよいほど難しい。

なぜなら他の投資家もその銘柄が高パフォーマンスになると予想すれば，その銘柄に買いが集中するため，購入時点ですでに株価が上昇してしまっている可能性が高い。株価がすでに上昇した後にその銘柄を購入しても，高パフォーマンスにはならない。

逆に，他の投資家が見向きもしないような銘柄が高パフォーマンスになると予想して投資しても，後に他の投資家もその銘柄が有望であると予想して追従してこない場合やそもそも予想がはずれた場合，その銘柄の株価が上昇しないため，やはり高パフォーマンスにはならない。つまり，高パフォーマンスの銘柄を予想し，当て続けるためには，他の投資家より常に少しだけ先を行く必要があるということである。

出所：日本経済新聞 2008.3.1。

2-5 情報と株式相場

株主の権利の1つが，配当請求権であり，将来の予想配当によって株価が形成される。そして，配当は企業が稼いだ利益から支払われるものであるから，

結局のところ，株価の源泉は企業利益ということができる。しかも，すでに支払われた配当ではなく，将来の予想配当をもとに株価が形成されるということは，その源泉となる利益も，現在のものではなく将来の予想利益である。
　しかし，遠い将来にわたって企業利益の大きさを予想することは，多くの投資家にとって不可能である。仮に，ある特定の投資家だけが遠い将来の企業利益を自信をもって予想できたとしても，他の投資家も同じように自信をもって予想できない限りは，正確な予想であったとしても株価には反映されない。したがって，株式市場では，遠い将来の企業利益予想よりも，多くの投資家にとって（当たるかどうかは別として）予想可能と思われる近い未来の予想のほうが重要。近未来の企業利益予想について，それがどのような値になるかを，新たな情報をもとに予想修正を繰り返しながら株価に織り込んでいく。「相場は驚きによって形成される」という格言の通りである。
　したがって，近未来の企業利益予想に関する新たな情報を，他の投資家より常に早く入手し先に行動できるかどうかが，株式投資で勝ち続けるためには必要となる。しかしこれはすでに述べたように，個人投資家，プロの機関投資家を問わずかなり難しい。困難なことに必要以上に精力を割いて失敗するより，株式投資はリスクのあるものと認識し，余計なリスクをとったり，無駄なコストをかけすぎないように努めるほうが重要である。
　図表3－7は，証券アナリストのレーティング（アナリストが個別銘柄について「買い」「中立（ホールド）」「売り」の判断を示すこと）発表によって，投資収益を改善できたかどうかを検証したものである。
　アナリストがレーティングを発表した後は各レーティングとも累積リターンがほぼ横ばいとなっており，情報が公表された後からではリターンの改善にほとんど役に立たないことがわかる。
　特に買い推奨（レーティング1）された銘柄は，アナリストが判断を発表する75日前からリターンが上昇しているが，発表後にその銘柄に投資してもリターンは改善しない。このことは，市場平均に勝つためには，他の投資家より一歩先に行動できなければならないことを示唆している。

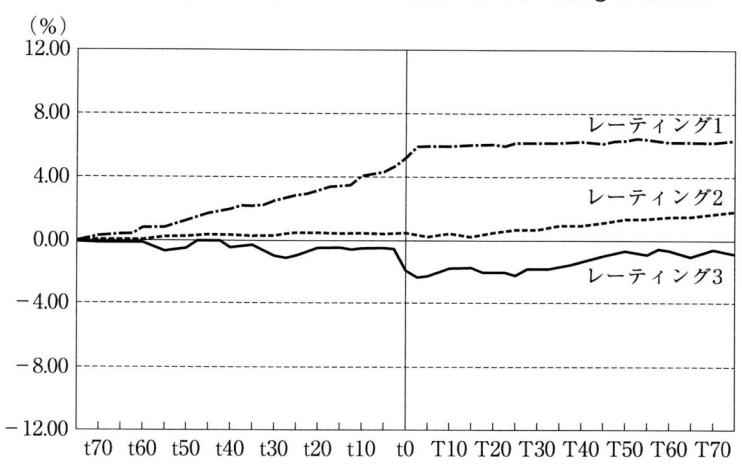

図表３－７　累積アクティブリターン（VS. TOPIX）/Rating announce

日系証券の規模上位４社の研究所が発表したレーティングに関して，発表日前後の累積リターンをみた。94，95年度の合計7千強のサンプルによるもの。
　サンプル数は　レーティング１：1,848
　　　　　　　　レーティング２：4,941
　　　　　　　　レーティング３：　346

> レーティング発表の前後の株価の動きを，TOPIXと比較して見てみた。1＝「買い」のレーティングの場合，平均的には，75営業日前くらいから株価が上昇しているが，レーティングが発表された時点から後は，株価はほぼ横這いだ。つまり，レーティングの「買い」情報は，これが発表されてから使っても，リターンの改善には役立たない。2＝「ホールド」，3＝「売り」についても，大同小異の結果となっている。

（注）アクティブリターンとはベンチマーク（TOPIX）のリターンを差し引いたリターン。
　　　山一證券投資開発部作成。
出所：山崎元（2007）『新しい株式投資論』PHP新書。

2-6　リスクとリターンの関係

　ローリスク・ローリターン，ハイリスク・ハイリターン，ハイリスク・ローリターンの金融商品はあり得るが，ローリスク・ハイリターンの金融商品はあり得ない。もしローリスク・ハイリターンの金融商品だと宣伝する業者がいたとしたら，その宣伝は疑ってみるべきであろう。

　収益がまったく同じで，金融商品Ａはローリスク，金融商品Ｂはハイリス

クだとしよう。収益が同じなら，正常な判断力を持った投資家なら，Ｂよりも Ａを好み，Ａに投資するはずである。その結果，Ａの価格が上昇し，Ｂの価格は下落する。価格が上昇した後にＡに投資しようとすると，投資金額が大きくなるため，収益が一定なら，予想される収益率が低下する。他方，価格が下落した後にＢに投資すると，収益が一定なら，予想される収益率が上昇する。

　結果として，ハイリスクなＢの収益率は，ローリスクなＡの収益率より高くなる。両者の収益率の差を，「リスクプレミアム」（リスクの差に対する収益率の割増分）とよぶ。

　ローリスク・ローリターンまたはハイリスク・ハイリターンがノーマルといえるが，その金融商品に，無駄なコストがかかっていたり，余計なリスクがまぎれていたり，あるいはその金融商品の価格形成が何らかの理由で歪められていると，本来ハイリスク・ハイリターンのものがハイリスク・ローリターンになることは可能性としてあり得る。

　しかし，ローリスク・ハイリターンの金融商品は絶対にあり得ない。リスクをわかりにくいようにして，ハイリスクをローリスクにみせかけているか，あり得ないリターンをあるかのようにごまかしているだけである。

　本来，株式はハイリスク・ハイリターンの金融商品であるが，バブル崩壊以降，日本経済の低迷が長引いているため，ハイリスク・ローリターンの状態が続いている。しかし，ハイリスク・ローリターンの状態はいずれ解消され，ハイリスク・ハイリターンの状態に戻るはずである。

　経済が低迷する日本株は，リスクが大きいにもかかわらずローリターンなので，①他の国の株式に比べ嫌われ，株価はもっと下落し，その結果，ハイリターンを回復するか，②または低迷経済から脱却して株価上昇が見込めるようになり，ハイリターンを回復するかのいずれかの状態に戻るはずである。

　経済改革の遅れなどで日本の将来に悲観的にならざるを得ないとしたら，②の実現は難しいが，①の状況となって日本株はハイリターンを回復するはずである。しかし，株価の暴落は日本経済にダメージを与えるので株価を下支えするような政策がとられたり，投資家自身が株価が上昇して欲しいという願望か

ら株価の下落を遅らせるような行動をとることがある。その場合，株価は本来下がるべきところまでなかなか下がらないので，ハイリスク・ローリターンの状態が長引き，ハイリスク・ハイリターンの状態に戻る時期が遅くなる。

　もちろん，①と②とでは株式投資収益率の基本となる経済成長率が異なるので，リターンの大きさは②のほうが大きくなる。

3. 投資ツールとしてみたファイナンス理論

　ファイナンス理論の研究成果において，そのすべてが実際の証券投資に役立つとまではいえないなかで，ここでは特に重要かつ有用と考えられる事項について紹介する。

3-1　分散投資

　1950年代に，ハリー・マーコビッツが分散投資の効果を数学的に精緻化して証明し，現代ポートフォリオ理論の礎を作った。簡単に説明すると以下のようになる[*]。

　たった2つの会社しかない離れ小島の経済を考えてみる。

　第一の企業はリゾート企業，第二の企業は傘のメーカーである。両者とも業績が天候に左右され，晴れが続く場合にはリゾート企業の業績が向上し，傘メーカーの業績が落ち込む。雨が続く場合にはリゾート企業の業績が向上し，傘メーカーの業績が落ち込む。

　晴れが続いた場合と雨が続いた場合の，両者への株式投資収益率が表のようになっていたとする。また，年間を通して，晴れが続く確率，雨が続く確率はそれぞれ50％であるとする。

---

[*]　分散投資の詳細については第5章参照。

	リゾート企業	傘メーカー
晴れが続いた場合	50%	−25%
雨が続いた場合	−25%	50%

投資資金が200万円あり，①リゾート企業に全額投資する，②傘メーカーに全額投資する，③両者に100万円ずつ投資する，といった3つの投資プランを考えてみる。

①の場合，晴れが続けば100万円の投資収益が出るが，雨が続けば50万円の損失となる。どちらの状態が実現するかは，投資時点ではわからない。
②の場合，雨が続けば100万円の投資収益が出るが，晴れが続けば50万円の損失となる。どちらの状態が実現するかは，投資時点ではわからない。
③の場合，晴れが続く場合と雨が続く場合のどちらにおいても，25万円の利益となる。

①，②とも確率的な平均値（期待値）としては，投資収益は25万円（＝50%×100＋50%×(−50)）であるが，不確実な利益が平均的に25万円得られるよりは，常に確実に25万円の利益を得られる③が投資プランとして最も優れている。これが，天候がどうなるかわからないという不確実な事態に直面しているときの，分散投資のメリットである。

投資銘柄間の相関

以上の単純な数値例では，リゾート企業と傘メーカーへの投資収益率が完全に逆相関していた。逆に，もし両者の収益率が完全に正の相関を持っているなら，分散投資のメリットは存在しない。しかし，通常の経済において，投資対象として任意に2つの銘柄を選択した場合，それらが完全に正に相関することは普通はない。

投資対象が，完全な正の相関関係になければ，分散投資の効果が存在するは

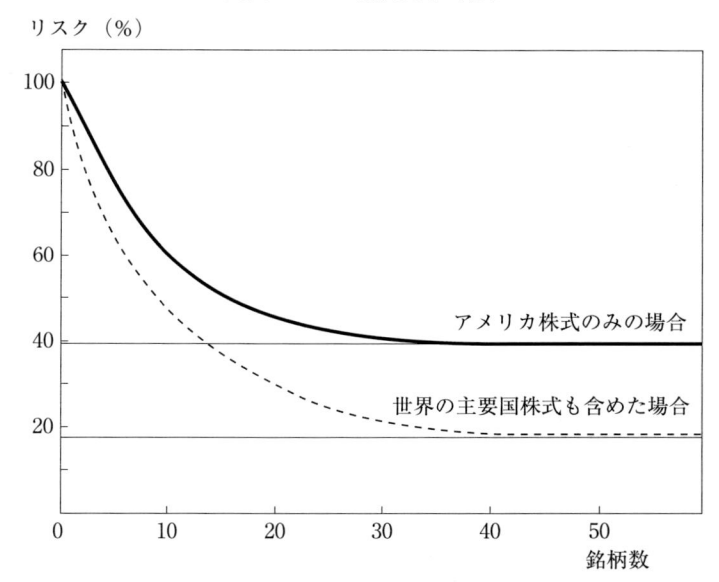

図表3－8　分散投資の効果

リスク（％）／銘柄数

出所：バートン・マルキール（原著第9版翻訳版，2007）『ウォール街の
　　　ランダム・ウォーカー』日本経済新聞社。

ずである。また，バートン・マルキール『ウォール街のランダム・ウォーカー』によれば，経験的に，分散投資する銘柄が50銘柄以上となると，十分な分散投資の効果が得られるとされる。

　さらに，一国の経済と別の国の経済の動向も，完全な正の相関関係にはないため，国内銘柄のみに投資するよりも，複数の国の銘柄に投資する国際分散投資のほうが，分散投資の効果が大きくなる。

3－2　配当割引モデル（DDM）

　ここでは株価の決定モデルについて説明する。ただし配当割引モデルについては，第7章において詳しく説明するので，ここではその基本的な考え方を述べるにとどめる。

　配当割引モデルでは，株式を保有していることによって将来受け取る配当

図表3－9　アメリカ株と先進国株への分散投資（1970年1月～2006年6月）

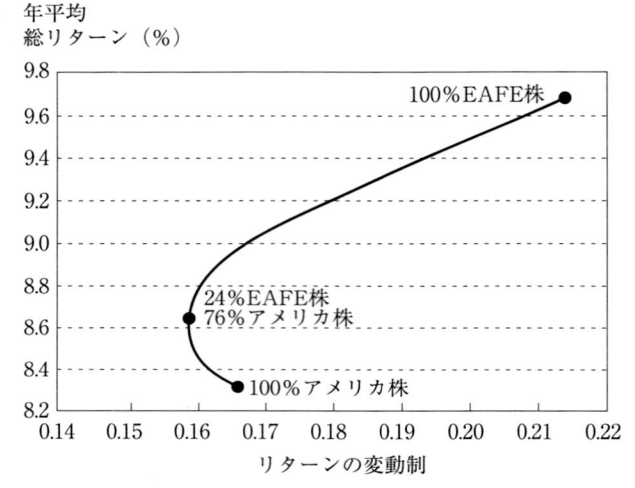

グラフ：縦軸 年平均総リターン（％）、横軸 リターンの変動制
- 100％EAFE株：（0.214, 9.68）付近
- 24％EAFE株 76％アメリカ株：（0.159, 8.65）付近
- 100％アメリカ株：（0.167, 8.30）付近

（注）総リターンは値上がり益および配当の合計。
　　　EAFE：アメリカを除く先進国株式指数。
出所：図表3－8と同じ。

が，現在の株価を決めている。ここで現在の100万円と将来の100万円の価値が同じであるかどうかを考えてみる。経済学では，1年後に受け取る100万円は現在の100万円よりも価値が低い。なぜなら，現在の100万円を運用すれば，1年後には100万円以上の価値になっていると予想できるからである。したがって，将来受け取る資金は，現在の価値に換算する場合，適切な方法で減額する必要がある。

この減額方法として，「安全資産収益率（金利）＋その株式に対する投資家のリスク・プレミアム」を割引因子 k として，将来の予想配当を割り算する。その結果，株価は，

$$株価 = \frac{1年後の予想配当}{1+k} + \frac{2年後の予想配当}{(1+k)^2} + \cdots + \frac{t年後の予想配当}{(1+k)^t}$$

として決定される。これを配当割引モデル（Dividend Discount Model）とよぶ。

しかし，遠い将来の配当を的確に予想することは不可能なので，将来配当について一定の前提をおき，上の式をもっと単純化したものが通常用いられる。

代表的な単純化の仮定を2つ紹介すると，①配当が将来にわたって一定，②配当が一定の成長率で成長していく，といった仮定がよく用いられる。①を定額配当DDM（またはゼロ成長DDM），②を定率成長DDMとよんでいる。

① 定額配当DDM（ゼロ成長DDM）

$$株価 = \frac{配当}{安全資産収益率 + リスクプレミアム}$$

② 定率成長DDM

$$株価 = \frac{1期後の予想配当}{安全資産収益率 + リスクプレミアム - 配当成長率}$$

なお，配当性向（その企業の純利益に占める配当の割合）が一定の場合，配当成長率は純利益の成長率と同じ値になる。

以上の式を眺めると，どういった要因で株価が変化するかを考えることができる。つまり，配当（または配当の原資となる企業利益）が増加，金利（安全資産収益率）が低下，リスクプレミアムが低下，配当成長率または利益成長率が上昇することによって，株価が上昇する。また，第7章で詳しく述べるが，以上の式を変形したものを，投資尺度として，株価の割高・割安の判断基準としてよく用いる。

3-3 市場の効率性

ここでは，市場の効率性について説明する。現在，ファーマが提唱した効率的市場仮説が実証研究の基礎となっている。ファーマ（1970）は効率的市場の定義として次のように述べている。「効率的資本市場とは，情報処理において効率的な市場のことである。効率的市場においてはいかなる時点においても観

察される証券の価格は，その時点で利用可能なあらゆる情報の"正しい"評価に基づいている。すなわち，価格は利用可能な情報を"十分に反映している"[*]」。

すなわち効率的市場というのは，証券の価格付けに有用な情報が完全に正しく反映される市場のことである。

また，ファーマは情報の種類を
1. 過去の価格に含まれている情報
2. 過去の価格だけでなく，公表されたデータすべてに含まれている情報
3. 過去のすべてのイベントに含まれている情報（1と2およびインサイダー情報を含む）

に分類し，それぞれの状況があてはまる市場の効率性を
1. ウィークフォームの効率性
2. セミストロングフォームの効率性
3. ストロングフォームの効率性

とよんでいる。より簡単な言葉で説明すると，ウィークフォームの効率性というのは，ある証券の過去の価格や収益率といった情報を用いて分析しても，市場の平均を超えるような利益が出せないということである。セミストロングフォームの効率性は，公開情報を用いて分析しても，市場の平均を超える利益が出せないことをいう。ストロングフォームの効率性は，インサイダー情報までを含むすべての情報を用いても，市場の平均を超えることはできないということである。

これまでの米国における実証研究ではそれぞれの効率的市場仮説について支持する見解があり，市場の効率性はおおむね支持されていた。しかし，研究の深化と共に市場の効率性が常に成立しているという主張については疑問を投げかける事例がみられるようになってきた。いわゆるアノマリーである。これについては次節で詳しく述べる。

---

[*] Fama (1970) "Efficient Capital Markets" Journal of Finance 25, 383-417, Fama (1991) "Efficient Markets II" Journal of Finance 46, 1575-1617 参照。

ちなみに，それぞれの検証方法として以下のものがある。1・ウィークフォームの効率性を検定する場合は自己相関分析やフィルタールールの有効性，2・セミストロングフォームの効率性の場合は，イベントスタディを用いた残差分析，3・ストロングフォームの効率性の場合は，内部情報を用いて直接的に検証する方法と，ある個人または集団が，内部情報に基づいて投資を行っていると仮定し，その投資パフォーマンスを計測することで検証を行う間接的な方法がある。

3-4　アノマリー（anomaly）

　ここではアノマリーについて説明する。これまでの研究で市場は，効率的であると結論付けるものだけでなく，効率的ではないとする実証結果も数多く報告されている。これに対して，市場はあくまで効率的であり，一時的に効率性が失われているだけにすぎないとする立場もある。その一時的に市場を非効率にしている要因がアノマリーである。ここでは「既存の理論ないし法則に反する事象で，規則的に発生する市場の傾向を示すもの」をアノマリーとよぶことにする。これは既存の理論，つまり伝統的ファイナンス理論では説明のつかない超過リターン（リターン vs. 市場平均リターン）が得られる現象があるという意味であり，主に1980年代にアノマリー現象を探す研究が盛んに行われた。

　何らかの例外現象がアノマリーといえるためには，偶然に起きたとは統計学的にはいえないほどに，強い傾向・規則性を持っている必要がある。しかし，アノマリーとして指摘された現象は，ある時期に継続的に観察されただけで，それが今後も継続して起きるとまではいえず，また，強い理論的な根拠を伴ったものでもないという意見もある。つまり，あるアノマリー現象を利用した投資が有効であるかどうかは，そのときの状況次第であるといえる。

　バリュー株（相対的に割安な株）投資やグロース株（将来，成長の見込める株）投資など，主なアクティブ運用の手法は，何らかのアノマリー現象に賭けて投資をする手法であると解釈できる。

代表的なアノマリー

① 小型株効果

株式時価総額の小さな企業(小型株)の超過リターン(小型株のリターン vs. 市場平均リターン)が高い現象を表している。これは規模効果とよばれることもある。CAPM(第5章参照)に,収益率に対する説明変数として各証券の時価総額を追加することが有効であるといわれ,この効果が海外の株式市場や日本の株式市場において報告されている。

② カレンダー効果

1月など,特定の月(曜日)の株式のリターンが他の月(曜日)に比べて高い現象を表している。特にこの効果は小型株において強く表れる現象であることも報告されている。

③ 低PER効果

PER(株価÷1株当たり当期純利益)が相対的に低い株式の超過リターンが高い現象を表している。

④ 低PBR効果

PBR(株価÷簿価ベースの1株当たり純資産)が相対的に低い株式の超過リターンが高い現象を表している。

⑤ リターン・リバーサル

ある時期のリターンが相対的に高い(低い)株式の,次の時期における相対的なリターンが高い(低い)現象を表している。過剰反応効果ともよばれる。

⑥ アーニング・サプライズ効果

決算で発表された利益が,アナリストの事前予想よりもかなり大きかった場合に,その会社の超過リターンが高い現象を表している。

⑦ 企業利益予想改定のトレンド効果

企業利益予想の上方（下方）修正の後には，また上方（下方）修正が続きやすいことに伴って，上方修正の発表後に上方修正があった銘柄に投資しても超過リターンが高い現象を表している。

上記のうち，③低 PER 効果と④低 PBR 効果に注目して投資する手法がバリュー株投資である。グロース株投資がうまくいっている場合は結果として⑥アーニング・サプライズ効果と⑦利益予想改定のトレンド効果を伴う。「順張り投資」（株価が上昇しているときに，さらに上昇することを期待して投資する）は⑥アーニング・サプライズ効果と⑦利益予想改定のトレンド効果と関係する。また，「逆張り投資」（株価が下落しているときに，早晩相場が反転することを期待して投資する）は③低 PER 効果と④低 PBR 効果，⑤リターン・リバーサルと関連する。

3-5 適応的市場仮説

適応的市場仮説とは，競争，突然変異，繁殖，自然選択などといった進化論の原則に基づいていたもので，これらの力が個人投資家や機関投資家に作用する場合，市場の効率，金融商品，企業や産業などにどのように影響するかを明らかにするものである。勘の良い読者は気づいているかもしれないが，これはアダムスミスが説く経済学ではなく，ダーウィンが説く自然科学を参考にした仮説といえる。ただし，当然経済学の範疇で話されるものである。適応的市場仮説は次のことを前提としている。それは，個人の行動は自然選択のプロセスを経て生み出された一連の経験則に基づくというものである。つまり，投資家は自らが生き残るための行動様式を学ぶのである。たとえ環境が変化し，これまで得られた経験則が通用しなくなったとしても，また新たな経験則を見つけ，変化した環境に適用する投資家だけが生き残れることになる。

そして，適応的市場仮説では以下の条件を想定している。

① 投資家は期待効用最大化原理に基づいて行動するといった，伝統的ファイナンス理論の想定とは異なり，投資家は自らの満足基準に基づいて意思決定し，しかもその意思決定は最近の経験に左右されやすいといった投資家特性を想定する。

② （満足基準に基づいて）特定の投資手法を持った，さまざまな「種」の投資家が棲息する場が市場であるととらえる。

③ 生物の種の間で進化論的な生存競争が行われるのと同様に，ある市場環境の下でそれに適応する投資家の種の栄枯盛衰が決まる。

例えば当初，低 PER 株や低 PBR 株などが超過リターンをもたらす市場環境にあったとすると，バリュー投資を標榜する「種」の投資家が繁殖する。バリュー投資「種」の投資家が増殖してくると，低 PER 株や低 PBR 株に人気が集中，それらの株価が上昇しバリュー投資「種」の「餌」が減少する一方で，成長が見込まれるにもかかわらず注目されず割安に放置されるグロース株といった新たな「餌」が増えてくる。

バリュー投資「種」にとっての「餌」が減ってくると，その「種」の間で生存競争が厳しくなり，バリュー投資「種」の個体数が減少する。他方，割安に放置されたグロース株を「餌」にするグロース投資「種」の投資家が増殖していくが，やがてこの「種」の投資家が増えすぎて「餌」が減少してくると，他の「種」の投資家の繁殖にとって代わられる。

この仮説から得られる解釈

・適応的市場仮説に基づいて考えると，バブルやマーケット・クラッシュといった現象を理解しやすくなる。

投資家は最近の体験に影響されるので，最近成功している投資手法の投資家

と，そこに集まる資金が増加する。つまり，ある種の「餌」が豊富になると，それを捕食する「種」の投資家が成功し，それをみた他の投資家も同じ「種」の投資家として新規参入し，同じ「餌」を捕食しようとする。その結果，そのときの市場に存在する投資家の投資手法が似たようなものとなり，相場が行きすぎたり，またある状況では同じ種の投資家が一斉に逃げようとする結果，相場が下げすぎたりする。

・自分がその「種」として先行者で，追従者が増えた場合，自分の利益が増える。

　例えば自分がバリュー投資の先行者として成功し，追従者が増えてきたとき，自分が買った低PER株，低PBR株を，追従者に高値で売れる。逆に，自分が追従者であった場合は，自分が先行者の成功のための踏み台になっている。

・過去の一定期間に成功していた投資手法は，成功したという証拠だけでは，今後もそれが有望とは限らない。

　むしろ，自分が追従者にならないよう警戒する必要がある。

3-6　行動ファイナンス

　ここでは行動ファイナンスについて説明する。まず，行動ファイナンスとは，これまでの伝統的ファイナンス理論が前提としてきた諸条件を緩くして理論モデルのなかに投資家の心理的な要因を取り入れようという試みの総称であることを述べておく。そして，行動ファイナンスはアノマリー現象の解明から発展してきた経緯がある。伝統的ファイナンス理論は，裁定機会が利用され尽くす結果，裁定機会が無くなっているという無裁定理論と，投資家の合理性を前提として発展してきたが，行動ファイナンスでは，それらの前提を再考し，人間

の非合理性に関する認知心理学のファイナンス分野への応用研究を行っているところに特徴がある。つまり，投資の意思決定において発生する歪みの要因・源泉を考えると，限定合理性や時間的制約，感情的要因などが考えられ，そうした要因・源泉をモデル化しているのである。

ただしこのテキストを執筆している現段階において，行動ファイナンスは，市場の歪みや投資家の行動バイアスについて，そのすべてを理論的に説明しきれていない。つまり発展途上にある研究分野であるといえる。とはいえ，伝統的ファイナンス理論でアプローチできない新たな研究領域に光を当てており，今後の発展が期待されている。

では次に，行動ファイナンスの代表的な2つのモデルを説明する。1つは簡便的意思決定法であり，もう1つはプロスペクト理論である。

簡便的意思決定法

人々は何らかの意思決定を行う際に，最大限合理的な意思決定を行おうとする。意思決定には何段階ものプロセスがあるが，そのプロセスごとに常にあらゆる情報を用いて精密に結論を導き出しているとは思われない。実際に投資を行う際，入手可能な情報をすべて収集し，精査し，理解してから意思決定を行うのではなく，これまでの経験（経験則）や限られた情報にのみ従い意思決定を行っていると考えられる。つまり，限られた時間と情報のなかで，簡便的な意思決定法が採用されている。この簡便的意思決定法によって効率的な意思決定が行われていることもある。しかし，こうした意思決定により市場の歪みが発生しているとする議論が盛んに行われているのである。簡便的意思決定法として，アンカリング，代表性，利用可能性を説明する。

アンカリング（アンカリングと修正）

アンカー（錨）という言葉であるが，これは人々がアンカーとなる値，つまり参考値や第一印象に不当なほど固執してしまうことを表している。

人々が意思決定を行う際，おおよその見当をつけ，そのうえでその答えが自

分にとって最適かどうか検討し，修正を行っていると考えられる。この意思決定方法の何が歪みを発生させているかが問題だが，それは初めにつけた見当，参考値や第一印象に強く固執してしまい，正しい修正が行われないということである。

　船はいったん錨をおろすと錨をおろした地点から移動することはできない。当然なことであるが，錨をあげるまで動けない。人の意思決定についても同じことが当てはまるということである。これが意思決定により市場に歪みを発生させる源泉の1つである。

代表性

　これは得られた証拠が世界の状態と同じかそれを代表していると思われる程度を基準に意思決定を行うことを表している。簡単にいえば，典型的なものを答えにしやすいということである。

　例えば，ある人の職業を予想する場合，人々は固定観念の影響を受けやすい。人々は過去の経験から，そもそも職業そのものに固定観念を持っている。弁護士，政治家，医者，学者，スポーツ選手，ケーキ屋，花屋，これらの職に就いている人についてそれぞれの典型的な特徴があると考えている。よって，ある人の職業を予測する場合，そのある人がそれぞれの職業の典型的な特徴と符合するかどうかを考え答えを導き出す。おそらく判断基準になるのは第一印象だろう。その後，職業についての何らかの情報が得られたとしても，第一印象にとらわれ，正しい修正が行われない可能性が高い。このことが，市場に歪みを発生させる源泉の1つである。

利用可能性（メモリーバイアス）

　利用可能性とは，自分が持っている，経験してきた記憶のなかで，思い出しやすい情報，検索が容易な情報，強い印象の情報が意思決定に大きな影響を与えること。つまり，すぐに頭に浮かぶ情報や事柄を用いる傾向が強く，その事柄の発生確率が高いと判断してしまうということである。ただし，ある情報や

事柄が利用しやすいこととその情報が正しいとかある事象が発生する確率が高いということに完全な相関があるわけではない。

たしかに，よく起こる事柄ほど記憶に残りやすく，その印象はつよい。だからといってそれがいつも正しい判断とはいえないということである。例えば，ある事柄は高い確率で発生しているのだが，その印象が弱く思い出しにくいとすると，利用可能性は低いことになる。

よく引き合いに出される例として，次の問題がある。

【問　題】英単語で，rが最初にくる単語と，3番目にくる単語はどちらが多いか。

多くの人が，rが最初にくる単語のほうが多いと答えたのではないだろうか。つまり，rが3番目にくる単語をすぐに思い出せたかどうかが問題である。記憶のなかで，「rが3番目にくる単語」という情報の利用可能性は低いのである。それで，簡単に思い浮かぶrが最初にくる単語のほうが多いと答えてしまうのである。この利用可能性も市場の歪みを発生させる1つの源泉である。

以上のべてきたように，アンカリングと修正，代表性，利用可能性により意思決定において歪みが生じ，伝統的なファイナンス理論がよりどころにしてきた完全な合理性を前提にできないことが示されている。

プロスペクト理論

プロスペクト理論はカーネマンとトヴァスキーの2人によって提唱された，実証的な意思決定理論である。おそらく，行動ファイナンスにおける最も代表的基本モデルの1つである。

まず，プロスペクトを定義する。カーネマンとトヴァスキーはプロスペクトを次のように定義している。

確率P_iでX_iを得ることができる機会のことをプロスペクトとする。ただし，$i=1, 2, \cdots, n$であり，$P_1+P_2+\cdots+P_n=1$である。

これを投資機会ととらえれば，ある確率のもとであるリターンが得られる

と考えられると解釈できる。そして，複数のプロスペクトが存在するなかで，人々はどのプロスペクトが最適と考えるかについてルールがあるかを調べた。それがプロスペクト理論の基礎となっている部分である。

ここで，経済学でよく使われる期待効用理論とプロスペクト理論を比較すると，評価関数に違いがある。期待効用理論では，ある意思決定を行う場合，重要なのは最終的に自分の資産がいくらになるのかである。よって初期状況からどのような経路をへて最終結果にたどりついているかは問題にされていない。一方，プロスペクト理論は意思決定にさいして，その経過についても考慮されている可能性があるとしている。最終的に損をするのかそれとも得をするのか，そこに至るまでの段階でどの程度損益が発生するかという情報も意思決定に影響するということである。

では以下の例題を使いながら説明する。

【問題1】10万円をもらったうえで，2つの選択肢を提示されたとする。どちらの選択肢を選ぶか？

　選択肢A：さらに5万円もらえることが保証されている。
　選択肢B：サイコロを振って偶数の目が出ればさらに10万円もらえるが，奇数の目が出ればそれ以上何ももらえない。

【問題2】20万円をもらったうえで2つの選択肢を提示されたとする。どちらの選択肢を選ぶか？

　選択肢A：5万円を確実に取り上げられてしまう。
　選択肢B：サイコロを振って偶数の目が出れば10万円取り上げられるが，奇数の目が出れば何も取り上げられない。

伝統的なファイナンス理論による解答

個人は危険に対して首尾一貫した態度を保ち，実現すると思われる結果に対する主観的価値の期待，つまり，将来得られる利益の主観的価値とそれが起こる確率を掛けた値を最大化（期待効用最大化）するよう意思決定すると考えられている。これに従って上の問題を考えると次のようになる。

あなたが問題1，問題2ともに選択肢Aを選んだ場合，確実に15万円となる。他方，問題1，問題2ともに選択肢Bを選んだ場合，期待値として15万円になる。つまり，期待値かどうかの問題はあるが，問題1も問題2も選択肢のどちらを選んでも15万円が得られるということである。

個々の選択肢の損益計算
問題1　A　$10+5$　　　　　　　　　　　　$=15$
　　　　B　$10+0.5\times 10+0.5\times 0$　$=15$
問題2　A　$20+(-5)$　　　　　　　　　　$=15$
　　　　B　$20+0.5\times (-10)+0.5\times 0=15$

したがって，伝統的なファイナンス理論に従えば，2つの問題に対する回答は同じで，結果が同じ15万円になるなら，回答者がリスクを嫌う危険回避者の場合，リスクがなく確実に15万円得られる選択肢Aを選び，他方，回答者がリスクを好む危険愛好者の場合，選択肢Bを選ぶ，と予想される。

行動ファイナンスでは

ところが，カーネマンらの実験によると，多くの人が，問題1ではAを，問題2ではBを選択した[*]。したがって，問題1では危険回避者としての意

---

[*] 2人の論文では，問題1でAを選んだ人は84％，Bを選んだ人は16％，問題2でAを選んだ人は31％，Bを選んだ人が69％であったと報告されている。この結果は問題1では確実に利益が得られる選択肢を好み，問題2では確実に損失が発生する選択肢を嫌ったことになる。

思決定をし，問題2では危険愛好者としての意思決定をしたことになり，リスクに対する判断が首尾一貫していないことが示されている。

そこで彼らは，人間の選択行動は，次の特徴を持っていると考えた。最終的な結果ではなく，実現する結果が各個人の有する基準値（参照値）より勝っているか劣っているかが重要だということである。利益獲得局面では危険回避的である（確実性を好む）一方で，損失局面では危険愛好的となる（賭を好む）。同額であれば，利益獲得による満足より，損失負担による悔しさのほうが大きい。下の図の評価関数をみると，損失と利益を表す横軸において，参照値（原点0）から同額離れた所に損益が期待されたとしても，評価値（縦軸）で判断すると，利益の評価値より，損失の評価値のほうが大きい。つまり参照値を超えた分を利益，参照値を下回った分を損失として，それらの金額が同じだったとしても（例えば利益は+x万円，損失は-x万円），人々は損失のほうをより重視するということである。

彼らは，このような人間の選択行動の特徴をうまくとらえた理論を提示し，それをプロスペクト理論と名づけた。

この理論に従うと，例えば投資家の投資元本へのこだわりと，それに伴う行

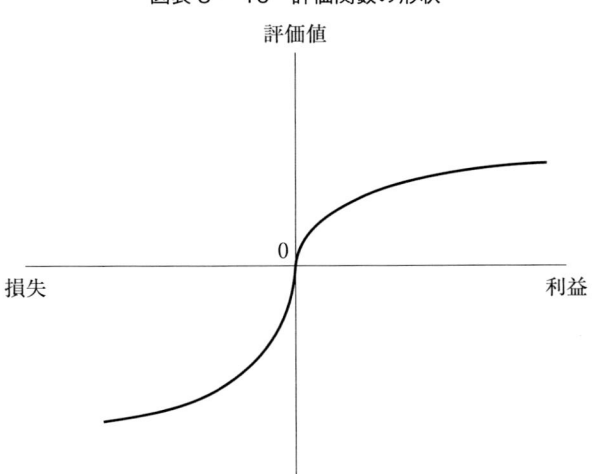

図表3-10 評価関数の形状

動を説明することができる。自分の買値よりも持ち株の株価が上がっているときにはリスク回避的でいるが，株価が自分の買値を割っているときにはリスクを取ってでも損を取り返そうとする傾向がある。こうした行動バイアスは，伝統的なファイナンス理論では説明できないのである。

　最後に，プロスペクト理論のなかには，うえで説明した参照値の問題のほかに，所有効果，反転効果，損失先送り効果，サンクコストなどさまざまな事例が報告されている。人の行動には多くのバイアスがあることの例であるが，この第3章で行動ファイナンスを紹介したのは，投資・運用を行う際にぜひとも注意をしてほしいという願いからである。金融商品のなかには複雑なものが数多く存在する。心理的なバイアスを利用した商売も存在する。そうした状況に置かれたとき，自らの行動にバイアスがあることを認識し，意思決定を行ってほしいと願う。

# 第4章
統計・計量分析の基礎

　さまざまな要因によって時々刻々変動する証券価格を，前もって常に正確に言い当てることは不可能といってよい。そこでファイナンスでは，将来の価格を言い当てることに労力を費やすのではなく，証券価格を確率変数ととらえ，その変動特性を前提として適切なリスク管理を行うことに主眼をおく。そのための分析ツールとして，統計・計量分析を利用する。
　この章では，ファイナンスの入門レベルで使われる，統計・計量分析の基礎を紹介する。

1. 確率変数の平均と分散

　サイコロの目の数は1から6までの値をとることがわかっているものの，今からサイコロを振ろうとしたとき，どの目の数が出るかを，サイコロを振る前の時点では正確に言い当てることはできない。しかし，偏りのないサイコロであれば，1から6までの値が出る確率はそれぞれ1/6であることはわかっている。サイコロの目の数のように，どの値が実現するか前もってはわからないが，どの値がどういった確率で実現するかがわかっている変数を**確率変数**とよぶ。

1-1　株価の変動特性
　株価などの証券価格は，将来の値を正確に言い当てることはできないが，確率変数ととらえるなら，統計学に基づく分析が可能となる。統計分析の目的は，得られたサンプル（標本）からサンプルを含むすべての集団（母集団）の一般的な規則性をみつけることにある。

図表4－1　TOPIX日次終値の推移

(ポイント)

株価の代表としてTOPIX（東証株価指数）の日次データをみてみると，ランダムにさまざまな値をとっているようにみえる。そのため，株価の動きに規則性をみつけることは難しい。

そこで，マイナス5％からプラス5％の範囲で0.2％刻みの区間を取り，終値の前日比変化率がそれぞれの区間に入るデータの数をデータの総数で割ったもの（発生確率）をみると，0％を中心として左右対称に分布しており，この分布は正規分布とよばれる確率分布とよく似た形をしていることがわかる。

したがって，株価変化率の動きを正規分布する確率変数で近似できるとすれば，正規分布に従う確率変数に対する分析を株価変化率にも適用できる。

そこで以下では株価変化率を分析対象とし，必要に応じ正規分布するとの前提で考察を進めていくことにする。なお，配当を無視できるとした場合，株価変化率は株式の投資収益率でもある。

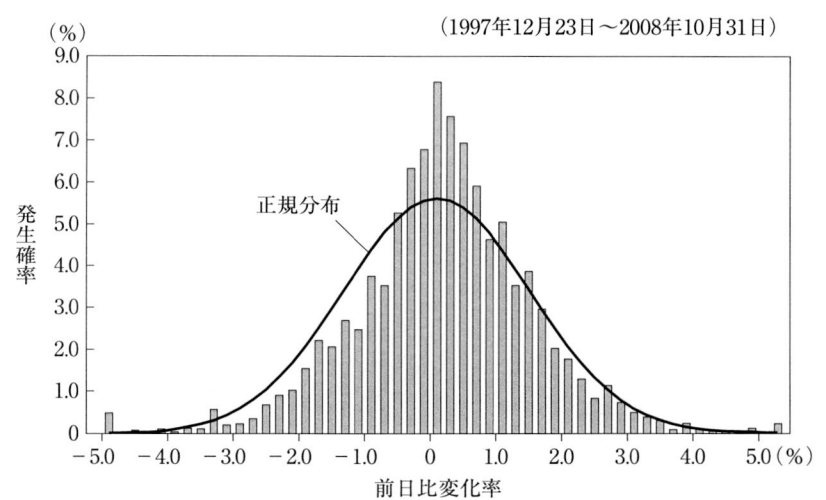

図表4－2　TOPIX日次終値の前日比変化率
（1997年12月23日～2008年10月31日）

1－2　個別証券のリターンとリスク

　株価変化率，あるいは投資収益率をさまざまな値をとる確率変数であると考えた場合，これから投資をするかどうか検討している段階では，どのような値の投資収益率が実現するか事前にはわからない。そこで，起こりうるさまざまな値の確率的な平均値を，投資を実行する前の段階での予想投資収益率と考えることにする。統計学の用語では，このような確率的な平均値を**期待値**とよぶことから，以下，予想投資収益率のことを**期待投資収益率**（または**期待リターン**）とよぶことにする。

　ここで，n通りの状況（これを**事象**とよぶ）に応じ，確率変数である投資収益率Rの実現値がn個の値をとり，それぞれをR_1, R_2, …, R_nと表すことにする。また，n通りの事象のそれぞれが実現する確率（生起確率）をπ_1, π_2, …, π_nと表すことにする。このとき，確率変数Rの期待値，すなわち期待投資収益率をμと表すと，

$$\mu = E(R) = \pi_1 R_1 + \pi_2 R_2 + \cdots + \pi_n R_n = \sum_{i=1}^{n} \pi_i R_i$$

と定義される。E（・）は，カッコ内の変数ないし関数について期待値をとるという意味の表現である。また，Σを使った表現は，nの数が大きい場合，足し算の式が長くなるので簡潔に表現するための工夫である。

【練習問題 4 − 1】

A社株に1年間投資したときの投資収益率は，今後景気が回復したとき20％，景気が横ばいのとき5％，景気が悪化したとき−10％になると予想されている。なお，今後1年間で景気が回復する確率は25％，景気横ばいが続く確率は50％，景気が悪化する確率は25％である。A社株に今後1年間投資したときの期待投資収益率はいくらになるか。

事象	① 生起確率	② 投資収益率（％）	①×②
景気回復	0.25	20.00	5.00
景気横ばい	0.50	5.00	2.50
景気悪化	0.25	−10.00	−2.50

期待投資収益率（％）	5.00

ここでは，事象が景気回復，景気横ばい，景気悪化と3通りあるので，それぞれの事象について生起確率×投資収益率（①×②）を求め，得られた3つの結果を合計したものが期待投資収益率となる。

ここで定義された期待投資収益率は確率的な平均値にすぎないので、この値が実現する保証はない。むしろ投資収益率の事後的な実現値は、期待投資収益率からかい離するのが普通であろう。確率変数の事後的な実現値と期待値との差を偏差とよび、これが大きいほど確率変数の実現値が期待値周りで大きくばらついていることになる。

次に、期待値周りのばらつき度合いを数値化する方法を考えよう。統計学では、偏差を新たな確率変数とみなし、その二乗について期待値をとるという方法が採られ、そのようにして求めたものを分散とよぶ。ここで、偏差を二乗したものの期待値をとる理由は、偏差そのものの期待値だと計算の過程でプラスの値の偏差とマイナスの値の偏差が相殺されてしまうからである。前出の記号を用いて分散を σ^2 と表すと、

$$\sigma^2 = Var(R) = E\left[(R-\mu)^2\right]$$
$$= \pi_1(R_1-\mu)^2 + \pi_2(R_2-\mu)^2 + \cdots + \pi_n(R_n-\mu)^2 = \sum_{i=1}^{n}\pi_i(R_i-\mu)^2$$

と定義される。Var（・）は、カッコ内の変数ないし関数について分散をとるという意味の表現である。分散は、計算の過程で元の確率変数が二乗されるため、元の変数の単位（%など）が使えなくなるという欠点がある。そこで、分散の平方根をとった概念を**標準偏差**とよび、これもよく用いる。記号としては σ^2 の平方根である σ が用いられる。

分散ないし標準偏差は、以上にみたように期待値周りのばらつき度合いを表す統計学上の概念であるので、確率変数Rを投資収益率とした場合、投資収益率の実現値が期待投資収益率からどの程度ばらつくかを示す概念として利用することができる。

一般に、投資のリスクとは損失をこうむる可能性だけでなく利益をあげる可能性も含め、収益の変動が激しいことを意味する。つまりこれは、起こりうる投資収益率のばらつきが大きいことと同じなので、投資リスクの尺度として分散ないし標準偏差を用いることができる。そして、これらの値が大きいほど、

【練習問題 4 − 2】

練習問題 4-1 でみた A 社株の投資収益率の標準偏差はいくらか。

事象	① 生起確率	② 投資収益率（％）	①×②	偏差 （②−期待値）	③ 偏差の 2 乗	①×③
景気回復	0.25	20.00	5.00	15.00	225.00	56.25
景気横ばい	0.50	5.00	2.50	0.00	0.00	0.00
景気悪化	0.25	−10.00	−2.50	−15.00	225.00	56.25

分散	112.50
標準偏差（％）	10.61

期待投資収益率は練習問題 4-1 で求めた通り 5％である。この結果を用いて各事象の下での偏差を求め，これを二乗した値（③）に各事象の生起確率を掛ける（①×③）。こうして求めた 3 つの値の合計が分散となり，その平方根をとったものが標準偏差となる。

リスクが大きいことを意味する[*]。

図表 4-3 は正規分布をする 2 つの確率変数（A，B）の確率分布を図示している。ここでは，連続的に無数の値をとる確率変数の確率分布を表しているため，確率密度という概念を縦軸にとっているが，表記は異なるものの図表 4-2 の縦軸と同じものと考えて差し支えない。確率変数 A と確率変数 B の期待値は同じであるが，標準偏差については確率変数 B のほうが確率変数 A よりも大きい。確率を表す曲線の下の全面積は起こりうるすべての事象の生起確率

---

[*] 日常でリスクという用語を用いるとき，損をする可能性が高いことを意味する場合がある。この意味でのリスクは，収益率のばらつきの大きさだけではなく他の意味も含んでおり，分散，標準偏差といった概念で表現することができない。そのため，ファイナンスでは，通常のリスク概念とは別に，ショートフォール・リスク（結果が特定の目標投資収益率を下回る確率）やバリュー・アット・リスク（特定の確率の下で生じる損失額）といった異なる定義のリスク概念も用いるが，本書のレベルを超えるためここでは扱わない。

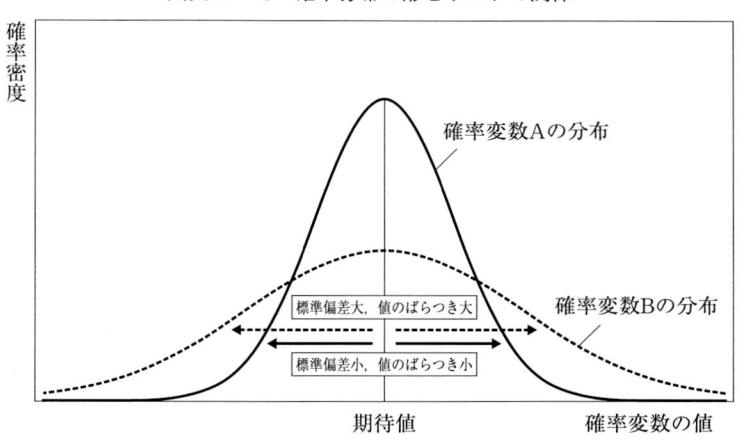

図表4−3 確率分布の形とリスクの関係

[図：確率変数Aの分布（実線、尖った形）と確率変数Bの分布（破線、平たい形）、横軸は確率変数の値、縦軸は確率密度、中央に期待値。標準偏差大、値のばらつき大／標準偏差小、値のばらつき小の矢印表示]

の合計を表し、必ず100％になるので、AおよびBの曲線の下の全面積は等しい。そのため、標準偏差が小さい、つまり値のばらつきが小さい確率変数Aは、確率変数Bと比べ、期待値付近の値の生起確率（確率密度）が大きくなり、期待値から離れた値の生起確率は小さくなる。投資収益率は正規分布に従う確率変数で近似できるので、図表4−3の相対比較において、リスク（標準偏差）の大きい証券の投資収益率を確率変数B、リスクの小さい証券の投資収益率を確率変数Aとみなすことができる。

1−3 ポートフォリオのリターンとリスク

投資を行う際、分散投資のため複数の金融資産に投資するのが普通であり、投資している複数の金融資産の総体をポートフォリオとよぶ。2銘柄以上の証券に投資してポートフォリオを組む場合、ポートフォリオ全体としての期待投資収益率とリスクを把握する必要がある。

ポートフォリオの期待投資収益率は、組入れた銘柄の期待投資収益率の加重平均となる。証券1に40万円、証券2に60万円投資したとしよう。この場合、ポートフォリオの総額は100万円になるので、証券1の組入れ比率は40％、

証券2の組入れ比率は60%となる。証券1の投資収益率が20%, 証券2の投資収益率が10%だったとすると, この投資によって証券1から8万円, 証券2から6万円の収益が得られ, ポートフォリオ全体として14万円の収益, つまり14%の投資収益率となる。これを式で表現すると,

14%（ポートフォリオの収益率）
　　＝40%（証券1の組入れ比率）×20%（証券1の収益率）＋60%（証券2の組入れ比率）×10%（証券2の収益率）

である。ポートフォリオの投資収益率をR_p, 証券1の投資収益率をR_1, 証券2の投資収益率をR_2, 証券1の組入れ比率をw_1, 証券2の組入れ比率をw_2と表すと,

(4-1) $\quad R_p = w_1 R_1 + w_2 R_2$

と書ける。期待投資収益率についても同様に,

(4-2) $\quad E(R_p) = w_1 E(R_1) + w_2 E(R_2)$

となる。ここで, $E(\cdot)$はそれぞれの投資収益率の期待値を意味する。これを一般化して, n銘柄の証券に投資するとすれば,

(4-3) $\quad E(R_p) = \sum_{i=1}^{n} w_i E(R_i)$

となる。
　次に, ポートフォリオのリスクについて考えるため, (4-1)式の分散を考えよう。分散は偏差の二乗の期待値であるから,

(4-4) $\quad \begin{aligned} Var(R_p) &= E\left[(R_p - E(R_p))^2\right] \\ &= w_1^2 E\left[(R_1 - E(R_1))^2\right] + w_2^2 E\left[(R_2 - E(R_2))^2\right] + 2w_1 w_2 E\left[(R_1 - E(R_1))(R_2 - E(R_2))\right] \\ &= w_1^2 Var(R_1) + w_2^2 Var(R_2) + 2w_1 w_2 Cov(R_1, R_2) \end{aligned}$

となる*)。ここで、2つの確率変数の偏差の積の期待値、$E[(R_1-E(R_1))(R_2-E(R_2))]=Cov(R_1,R_2)$ は共分散とよばれ、R_1 と R_2 の連動度合いを表す。また、$Cov(R_1,R_2)$ は σ_{12} とも標記される。

R_1 と R_2 の共分散の性質をみるため、以下の表にあるような数値例をみてみよう。

ケース1		投資収益率（％）				
事象	生起確率	証券1	証券2	証券1の偏差	証券2の偏差	偏差の積
1	0.5	10	5	−5	−5	25
2	0.5	20	15	5	5	25
	期待値	15	10		共分散	25

ケース2		投資収益率（％）				
事象	生起確率	証券1	証券2	証券1の偏差	証券2の偏差	偏差の積
1	0.5	10	15	−5	5	−25
2	0.5	20	5	5	−5	−25
	期待値	15	10		共分散	−25

ケース1のように、証券1の収益率が事象1から事象2にかけて10％から20％へと上昇するとき証券2の収益率も5％から15％へと上昇する場合、すなわち両者が同じ方向に変化する場合、両者の偏差の符合が同じため、その積の期待値（共分散）の符号はプラスとなる。一方、ケース2のように、証券1の

---

*) (4−4) 式の展開。

$$\begin{aligned}
Var(R_p) &= E\left[(R_p-E(R_p))^2\right] = E\left[(w_1R_1+w_2R_2-E(w_1R_1+w_2R_2))^2\right] \\
&= E\left[\{w_1(R_1-E(R_1))+w_2(R_2-E(R_2))\}^2\right] \\
&= E\left[w_1^2(R_1-E(R_1))^2+w_2^2(R_2-E(R_2))^2+2w_1(R_1-E(R_1))w_2(R_2-E(R_2))\right] \\
&= w_1^2E\left[(R_1-E(R_1))^2\right]+w_2^2E\left[(R_2-E(R_2))^2\right]+2w_1w_2E\left[(R_1-E(R_1))(R_2-E(R_2))\right] \\
&= w_1^2Var(R_1)+w_2^2Var(R_2)+2w_1w_2Cov(R_1,R_2)
\end{aligned}$$

収益率が事象1から事象2にかけて10%から20%へと上昇するとき証券2の収益率が15%から5%へと低下する場合，すなわち両者が逆方向に変化する場合，両者の偏差の符合が逆になるため，その積の期待値（共分散）の符号はマイナスとなる。つまり，2つの確率変数の動きが正の相関関係にあるときはそれらの共分散の値がプラス，負の相関関係にあるときはそれらの共分散の値がマイナスとなる。

共分散の符号によって，正か負かの相関関係はわかるが，変数の大きさや単位によって偏差の相対的な大きさが異なるため，ある変数間の共分散の値を他の変数間の共分散と比較することはできない。そこで，異なる変数の組み合わせのあいだで相関の程度を比較できるよう，共分散を基準化した**相関係数**とよばれる概念があり，次のように定義される。

$$\rho_{12} = \frac{\sigma_{12}}{\sigma_1 \sigma_2}$$

このように基準化することによって，相関係数 ρ_{12} は -1 から $+1$ までの値をとり，-1 のときは2つの確率変数の連動度合いが負の完全相関，$+1$ のときは正の完全相関，0のときは無相関であるという。

共分散に代えて相関係数を使って表現すると，(4-4)式は，

(4-5) $\quad Var(R_p) = w_1^2 \sigma_1^2 + w_2^2 \sigma_2^2 + 2w_1 w_2 \rho_{12} \sigma_1 \sigma_2$

と書くこともできる。これを一般化して，n銘柄の証券に投資するとすれば，

(4-6) $\quad Var(R_p) = \sum_{i=1}^{n} \sum_{j=1}^{n} w_i w_j \rho_{ij} \sigma_i \sigma_j$

となる。

(数値例 1)

景気動向によって、証券 1、証券 2 それぞれの投資収益率が以下のように推移するとき、証券 1 と証券 2 の投資収益率の相関係数は次のように計算される。

証券 1

事象	① 生起確率	② 投資収益率（％）	①×②	③ 偏差	④ 偏差の二乗	①×④
景気回復	0.25	20.00	5.00	15.00	225.00	56.25
景気横ばい	0.50	5.00	2.50	0.00	0.00	0.00
景気悪化	0.25	−10.00	−2.50	−15.00	225.00	56.25
	期待値	5.00			分散	112.50
					標準偏差（％）	10.61

証券 2

事象	① 生起確率	⑤ 投資収益率（％）	①×⑤	⑥ 偏差	⑦ 偏差の二乗	①×⑦
景気回復	0.25	−10.00	−2.50	−13.50	182.25	45.56
景気横ばい	0.50	10.00	5.00	6.50	42.25	21.13
景気悪化	0.25	4.00	1.00	0.50	0.25	0.06
	期待値	3.50			分散	66.75
					標準偏差（％）	8.17

③×⑥ ⑧ 偏差の積	①×⑧
−202.50	−50.63
0.00	0.00
−7.50	−1.88
共分散	−52.50
相関係数	−0.61

ポートフォリオに、数値例 1 の証券 1 を 44％、証券 2 を 56％組み入れると、ポートフォリオの期待投資収益率は $0.44 \times 5.00 + 0.56 \times 3.50 = 4.16$（％）、標準偏差は $\sqrt{0.44^2 \times 10.61^2 + 0.56^2 \times 8.17^2 - 2 \times 0.44 \times 0.56 \times 0.61 \times 10.61 \times 8.17} = 4.08$（％）となる。ポートフォリオのリスク 1 単位当たりの期待投資収益率として、期待投資収益率÷標準偏差を考えると $4.16 \div 4.08 = 1.02$ となる。同様に、証券 1 の

リスク1単位当たり期待投資収益率は 5.00÷10.61＝0.47，証券2のそれは 3.50÷8.17＝0.43 であり，分散投資によってリスク1単位当たりの期待投資収益率が大幅に向上することがわかる。

2. 回帰分析―最小二乗法

回帰分析とは，観測されたデータに基づいて変数間の関係を推計するための統計手法で，経済学やファイナンスでも頻繁に用いられる手法である。

2－1　単回帰

TOPIX の前月比変化率を横軸，ソニーの前月比株価変化率を縦軸として，両者のデータを図表4-4のような散布図に描いてみると，両者には正の相関関係が存在する（両者の相関係数は 0.61）。

あるデータの値 x と他のデータの値 y との関係を表す最も単純な式として，次の式を考える。

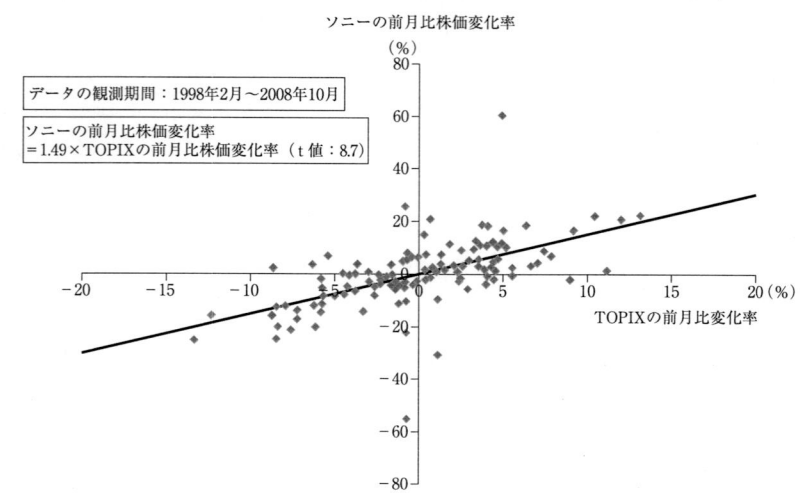

図表4－4　ソニーの前月比株価変化率と TOPIX の前月比変化率

データの観測期間：1998年2月～2008年10月

ソニーの前月比株価変化率
＝1.49×TOPIXの前月比株価変化率（t値：8.7）

(4-7)　　$y = a + bx$

ここで，xを説明変数ないし独立変数，yを被説明変数ないし従属変数とよぶ。ここでは，TOPIXの前月比変化率がx，ソニーの前月比株価変化率がyに相当する。(4-7)式は，説明変数が1つだけなので，単回帰とよぶ（説明変数を複数個考える場合は，重回帰とよぶ）。aとbはxとyの関係を特定するものであり，回帰係数ないし回帰パラメーターとよばれる。回帰係数a, bを選択する基準の1つが，最小二乗法である。

2-2　最小二乗法

(4-7)式において，観測されたyの値と，a+bxから計算で求まるyの推計値との差（以下，これを残差eとよぶ）の合計が最小になるように，aとbを決めることを考えてみる。ただし，各時点での残差 $e_t = y_t - (a + bx_t)$（t=1, 2, …, n，添字tは各時点で観測されたxおよびyのデータであることを意味する）の値はプラスにもマイナスにもなり，各残差（$e_1, e_2, …, e_n$）をそのまま合計するとプラスの値とマイナスの値とが相殺しあう。そこで，各残差を二乗してから合計し，この合計値（残差平方和）が最小となるようにaとbを決める方法を，最小二乗法とよぶ。この手順に沿った数学的手続きを経て得られるbの推計値は，

(4-8)　　$b = \dfrac{Cov(x,y)}{Var(x)}$

となる。bが得られれば，a=y-bxとして，aも得られる。なおb（その結果aも）は，xとyのデータの観測期間を変えて回帰分析すると，そのつど値が異なるので，定数ではなく，3-4節で紹介するt分布とよばれる分布に従う確率変数となる。

2-3 決定係数

最小二乗法によってaおよびbを推計し，それらを（4-7）式に代入して得られる回帰直線が実際のxとyの動きにどれだけ当てはまっているかを考える尺度として，決定係数（R^2，アール・スクエア）が用いられる。

決定係数は，xとyの相関係数の二乗と同じ値になる。したがって，xとyが正または負で完全相関する場合は1，無相関の場合は0となる。決定係数の値が1のときは，回帰直線がxとyの動きと完全に一致する。xとyの動きが回帰直線からかい離してくると，決定係数の値は1より小さくなっていく（最小でゼロ）。

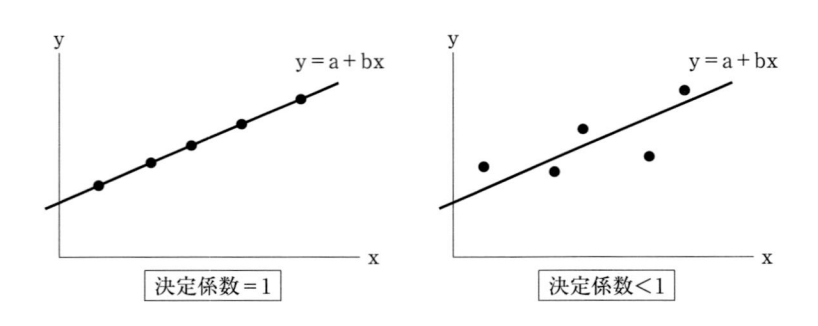

3. 統計的推定

ある株式の投資収益率のデータは無限に発生しうるが，観測によって実際に得られるのは，それらのうちの一部のデータにすぎない。抽出された一部のデータによって，その株式の投資収益率全体の統計量（平均，標準偏差など）を判断するためには，統計学的な推定手法を用いる必要がある。

3-1 標本と母集団

観測値として，n個のデータを取り出したとき，これを大きさnの標本（サンプル）とよぶ。他方，標本を抽出する元になるすべてのデータの集団や各デー

タを生み出す構造，いいかえれば起こりうるデータの全体を**母集団**とよぶ。例えば，ある株式の投資収益率をある期間について観測したとき，得られた収益率は標本であって母集団そのものではなく，母集団は起こりうるすべての収益率である。

しかし，標本として得られたデータが過去のものでかつ全体の一部であっても，それらから母集団の性質を推測できれば，将来のデータを統計学的に予測することも可能である。

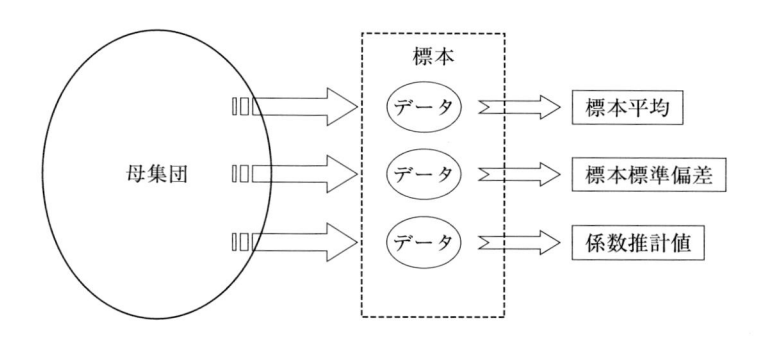

3-2　母集団の推定

母集団からn個のデータを抽出して標本を作成するという作業を何度か繰り返した場合，こうして作られた各標本の中身は当然同じではない。そのため，標本内のデータから計算される**標本平均**も標本ごとに値が異なる。

平　均

母集団の平均（母平均）が μ，標準偏差が σ のとき，母集団がどのような確率分布に従うかにかかわりなく，無作為抽出によって選ばれたn個のデータから成る標本から計算される標本平均は，データ数nが大きくなるにつれ，平均 μ，標準偏差 $\sigma/\sqrt{n}$ の正規分布に従う確率変数となる。この性質を**中心極限定理**とよぶ。

> (数値例2)
>
> 　1から100までの整数の集合を母集団とする。その平均（母平均）は50.5，標準偏差（母標準偏差）は28.9である。
>
> 　母集団から30個のデータを無作為に取り出し，それらの平均（標本平均）を計算すると，1回目の試行では48.4となった。標本平均は確率変数であるため，試行のたびに異なる結果となる。同様の試行を10回まで繰り返した結果が以下の表である。
>
> | 母平均 | 50.5 |
> |---|---|
> | 母標準偏差 | 28.9 |
>
> | | 試行 | | | | | | | | | |
> |---|---|---|---|---|---|---|---|---|---|---|
> | | 1回目 | 2回目 | 3回目 | 4回目 | 5回目 | 6回目 | 7回目 | 8回目 | 9回目 | 10回目 |
> | 標本平均 | 48.4 | 45.1 | 42.5 | 42.8 | 54.7 | 50.1 | 46.0 | 38.7 | 53.5 | 49.7 |
>
> 　中心極限定理によれば，標本平均は，平均50.5，標準偏差5.3（＝28.9÷$\sqrt{30}$）の正規分布に従う確率変数となるので，以上の試行結果はこの分布に従うと考えられる。

標準偏差

　標本内のn個のデータから計算された標本分散は，母集団の分散σ^2に$(n-1)/n$をかけたものに等しいという性質がある。したがって，データ数nが十分に大きければ，標本標準偏差（および分散）は母集団の標準偏差（および分散）と値が等しいとみなしてよい[*]。

---

[*] 無限母集団を考える際，データを無限に抽出することはできないので，有限個のデータによって母集団の統計量を推測しなければならない。そこで，中心極限定理と標本標準偏差に関する以上の性質を踏まえると，データの数nが十分に大きければ，大きさnの標本から得られた平均，標準偏差を母集団の統計量とみなしてよいことになる。

> 【練習問題 4 − 3】
>
> ある株式の月次投資収益率が過去の経験から，平均2％，標準偏差6％の確率変数であるとする。これを母集団と考え，ここから過去36カ月のデータを抽出し標本平均を計算する作業を繰り返し行うと，標本平均の平均と標準偏差はいくらになると予想されるか。
>
> これは，母平均から標本平均を予想する例である。
> まず，観測した過去のデータ数が十分に大きければ，そこから得られた平均2％，標準偏差6％を，母集団の平均，標準偏差と考えてよい。
> 次に，中心極限定理により，
>
> 標本平均の平均＝母平均＝2％
>
> 標準偏差 $= \dfrac{6\%}{\sqrt{36}} = \dfrac{6\%}{6} = 1\%$

[補足] 月次から年次への換算

月次ベースの収益率，標準偏差を年次に換算しなければならないときは，以下のように換算する[*]。

年次収益率＝12×月次収益率
年次標準偏差＝$\sqrt{12}$ ×月次標準偏差

3−3　標準正規分布

図表4−2でみたように，株式の投資収益率は正規分布に従う確率変数とみなすことができる。ただし，ある確率変数が正規分布するとしても，その平均

---

[*] このような換算が成立するためには，各月次収益率が相互に独立かつ同一の確率分布に従うという前提が必要であるが，株式の投資収益率はこの前提が成立すると考えてよい。

や標準偏差はその確率変数によってまちまちである。そこで，正規分布に従う確率変数を相互に比較できるよう，標準的な正規分布に従う変数に，各変数を変換する。標準的な正規分布としては，平均0，標準偏差1の正規分布（標準正規分布）を用いる。正規分布に従う確率変数を，標準正規分布に従う変数（これを z 値とよぶ）に変換するためには，

$$(4-9) \quad z = \frac{\text{確率変数の値} - \text{その確率変数の平均}}{\text{その確率変数の標準偏差}}$$

という公式を用いる。

応用例として，標本平均は，中心極限定理が成立する場合，平均 μ，標準偏差 $\sigma/\sqrt{n}$ の正規分布に従う確率変数であるから，これを標準正規分布に変換すると次のようになる。

$$(4-10) \quad z = \frac{\text{標本平均の値} - \mu}{\sigma/\sqrt{n}}$$

【練習問題 4 – 4】

過去の経験から，ある株式の年間投資収益率が，平均15%，標準偏差10%の正規分布に従う確率変数であることがわかっている。今後，この株式に1年間投資したとき，年間投資収益率がマイナスになる確率はいくらか。

ここでの母集団は，平均15%，標準偏差10%の正規分布に従う確率変数である。ここから1つデータを取り出したとき，そのデータがマイナスになる確率を計算する。

収益率がマイナスになるということは，収益率が0%以下になることである。収益率が0%のときの z 値は $\frac{0-15}{10} = -1.5$ である。したがって，z 値が -1.5 以下になる確率が，この株式の収益率がマイナスになる確率

第 4 章　統計・計量分析の基礎　〇── 103

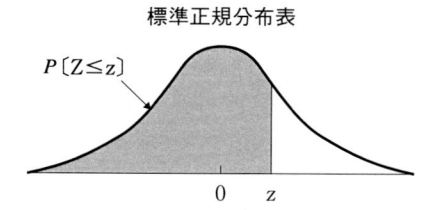

標準正規分布表

$P[Z \leq z]$

z	.00	.01	.02	.03	.04	.05	.06	.07	.08	.09
.0	.5000	.5040	.5080	.5120	.5160	.5199	.5239	.5279	.5319	.5359
.1	.5398	.5438	.5478	.5517	.5557	.5596	.5636	.5675	.5714	.5753
.2	.5793	.5832	.5871	.5910	.5948	.5987	.6026	.6064	.6103	.6141
.3	.6179	.6217	.6255	.6293	.6331	.6368	.6406	.6443	.6480	.6517
.4	.6554	.6591	.6628	.6664	.6700	.6736	.6772	.6808	.6844	.6879
.5	.6915	.6950	.6985	.7019	.7054	.7088	.7123	.7157	.7190	.7224
.6	.7257	.7291	.7324	.7357	.7389	.7422	.7454	.7486	.7517	.7549
.7	.7580	.7611	.7642	.7673	.7703	.7734	.7764	.7794	.7823	.7852
.8	.7881	.7910	.7939	.7967	.7995	.8023	.8051	.8078	.8106	.8133
.9	.8159	.8186	.8212	.8238	.8264	.8289	.8315	.8340	.8365	.8389
1.0	.8413	.8438	.8461	.8485	.8508	.8531	.8554	.8577	.8599	.8621
1.1	.8643	.8665	.8686	.8708	.8729	.8749	.8770	.8790	.8810	.8830
1.2	.8849	.8869	.8888	.8907	.8925	.8944	.8962	.8980	.8997	.9015
1.3	.9032	.9049	.9066	.9082	.9099	.9115	.9131	.9147	.9162	.9177
1.4	.9192	.9207	.9222	.9236	.9251	.9265	.9279	.9292	.9306	.9319
1.5	.9332	.9345	.9357	.9370	.9382	.9394	.9406	.9418	.9429	.9441
1.6	.9452	.9463	.9474	.9484	.9495	.9505	.9515	.9525	.9535	.9545
1.7	.9554	.9564	.9573	.9582	.9591	.9599	.9608	.9616	.9625	.9633
1.8	.9641	.9649	.9656	.9664	.9671	.9678	.9686	.9693	.9699	.9706
1.9	.9713	.9719	.9726	.9732	.9738	.9744	.9750	.9756	.9761	.9767
2.0	.9772	.9778	.9783	.9788	.9793	.9798	.9803	.9808	.9812	.9817
2.1	.9821	.9826	.9830	.9834	.9838	.9842	.9846	.9850	.9854	.9857
2.2	.9861	.9864	.9868	.9871	.9875	.9878	.9881	.9884	.9887	.9890
2.3	.9893	.9896	.9898	.9901	.9904	.9906	.9909	.9911	.9913	.9916
2.4	.9918	.9920	.9922	.9925	.9927	.9929	.9931	.9932	.9934	.9936
2.5	.9938	.9940	.9941	.9943	.9945	.9946	.9948	.9949	.9951	.9952
2.6	.9953	.9955	.9956	.9957	.9959	.9960	.9961	.9962	.9963	.9964
2.7	.9965	.9966	.9967	.9968	.9969	.9970	.9971	.9972	.9973	.9974
2.8	.9974	.9975	.9976	.9977	.9977	.9978	.9979	.9979	.9980	.9981
2.9	.9981	.9982	.9982	.9983	.9984	.9984	.9985	.9985	.9986	.9986
3.0	.9987	.9987	.9987	.9988	.9988	.9989	.9989	.9989	.9990	.9990
3.1	.9990	.9991	.9991	.9991	.9992	.9992	.9992	.9992	.9993	.9993
3.2	.9993	.9993	.9994	.9994	.9994	.9994	.9994	.9995	.9995	.9995
3.3	.9995	.9995	.9995	.9996	.9996	.9996	.9996	.9996	.9996	.9997
3.4	.9997	.9997	.9997	.9997	.9997	.9997	.9997	.9997	.9997	.9998
3.5	.9998	.9998	.9998	.9998	.9998	.9998	.9998	.9998	.9998	.9998

（注）縦軸は z の小数点以下第 1 位まで，横軸は小数点以下第 2 位を示している。

である。標準正規分布表では正のz値のみ記載されているので，標準正規分布が0を中心に左右対称であることを利用する。すなわち，z値が−1.5以下になる確率はz値が1.5以上となる確率と同じ。そこで標準正規分布表において1.5の行と.00の列が交わる場所を探すと0.9332とある。標準正規分布表はz値より左側の面積を表しており，これはz値1.500以下の領域の面積が93.32%であることを意味している。いま求めたいのは，z値1.500以上の面積であるから，面積の総和が100%であることを利用して100−93.32=6.68（%）。したがって，この株式の収益率がマイナスになる確率は6.68%である。

3-4 t分布

統計分析において，標準正規分布と並んで頻繁に利用される確率分布としてt分布がある。t分布に従う確率変数は次のような特徴を持つ。

① 平均がゼロ。
② 確率分布が標準正規分布と似ているが，**自由度**（データ数−推計するパラメーターの数）の大きさによって形状が変化する。自由度が大きくなると標準正規分布と同じになるが，自由度が小さくなると標準正規分布より山の高さが低くなり，山のすそが厚くなる。

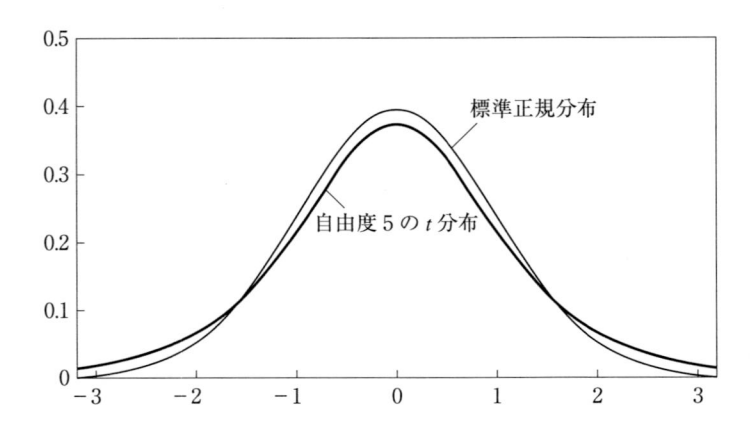

t 分布表

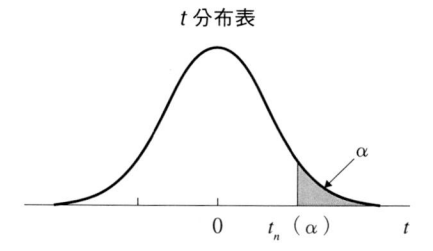

自由度 (d.f.) が n, 確率が α の座標を与える。ただし, α は分布の右裾の確率である。

d.f. n	.250	.100	.050	α .025	.010	.00833	.00625	.005
1	1.000	3.078	6.314	12.706	31.821	38.190	50.923	63.657
2	.816	1.886	2.920	4.303	6.965	7.649	8.860	9.925
3	.765	1.638	2.353	3.182	4.541	4.857	5.392	5.841
4	.741	1.533	2.132	2.776	3.747	3.961	4.315	4.604
5	.727	1.476	2.015	2.571	3.365	3.534	3.810	4.032
6	.718	1.440	1.943	2.447	3.143	3.287	3.521	3.707
7	.711	1.415	1.895	2.365	2.998	3.128	3.335	3.499
8	.706	1.397	1.860	2.306	2.896	3.016	3.206	3.355
9	.703	1.383	1.833	2.262	2.821	2.933	3.111	3.250
10	.700	1.372	1.812	2.228	2.764	2.870	3.038	3.169
11	.697	1.363	1.796	2.201	2.718	2.820	2.981	3.106
12	.695	1.356	1.782	2.179	2.681	2.779	2.934	3.055
13	.694	1.350	1.771	2.160	2.650	2.746	2.896	3.012
14	.692	1.345	1.761	2.145	2.624	2.718	2.864	2.977
15	.691	1.341	1.753	2.131	2.602	2.694	2.837	2.947
16	.690	1.337	1.746	2.120	2.583	2.673	2.813	2.921
17	.689	1.333	1.740	2.110	2.567	2.655	2.793	2.898
18	.688	1.330	1.734	2.101	2.552	2.639	2.775	2.878
19	.688	1.328	1.729	2.093	2.539	2.625	2.759	2.861
20	.687	1.325	1.725	2.086	2.528	2.613	2.744	2.845
21	.686	1.323	1.721	2.080	2.518	2.601	2.732	2.831
22	.686	1.321	1.717	2.074	2.508	2.591	2.720	2.819
23	.685	1.319	1.714	2.069	2.500	2.582	2.710	2.807
24	.685	1.318	1.711	2.064	2.492	2.574	2.700	2.797
25	.684	1.316	1.708	2.060	2.485	2.566	2.692	2.787
26	.684	1.315	1.706	2.056	2.479	2.559	2.684	2.779
27	.684	1.314	1.703	2.052	2.473	2.552	2.676	2.771
28	.683	1.313	1.701	2.048	2.467	2.546	2.669	2.763
29	.683	1.311	1.699	2.045	2.462	2.541	2.663	2.756
30	.683	1.310	1.697	2.042	2.457	2.536	2.657	2.750
40	.681	1.303	1.684	2.021	2.423	2.499	2.616	2.704
60	.679	1.296	1.671	2.000	2.390	2.463	2.575	2.660
120	.677	1.289	1.658	1.980	2.358	2.428	2.536	2.617
∞	.674	1.282	1.645	1.960	2.326	2.394	2.498	2.576

4. 仮説検定

　ある確率変数 y と，ある確率変数 x との間に一定の関係がある場合，この構造から生み出される結果のすべてが母集団である。いま，この関係が $y=\alpha+\beta x$ であるとしよう。本章 2 節でみた回帰分析では，同時に実現した x と y のデータの組み合わせを n 個集めた標本によって，x と y の真の関係 $y=\alpha+\beta x$ を $y=a+bx$ とおいて推計する。そこで得られた回帰パラメーター a と b は，それぞれ α と β の推計値である。しかし，データの観測期間や，データ数，観測時期が異なれば，回帰分析から得られる a と b はそのつど異なった値をとる。回帰分析から得られた，このような回帰パラメーターは t 分布に従う確率変数となることが知られている。単回帰分析の回帰パラメーターの自由度は，「データの数 −2（パラメーターの数が a と b の 2 つ）」である。

　確率変数の実現値として得られる a と b はさまざまな値をとるので，a と b を実現させる元になっている母集団の α と β がどのようなものであるかが検討対象となる。そこで，母集団についてある仮説を立て，その仮説の正否を標本で検定する統計的手法を**仮説検定**という。

　$y=a+bx$ といった回帰分析において頻繁に行われる仮説検定は，係数推計値 b に対する母集団の真の値 β がゼロであるか否かという検定である。もし β がゼロであるにもかかわらず，その確率的な実現値である b がたまたまゼロでない値をとっただけなら，x と y の真の関係において，x はいかなる値であっても y に影響しないので，このような回帰式はそもそも正しくないことになる。

　仮説検定では，検討対象仮説（帰無仮説（H_0 とも書く））と，それが棄却された場合の**対立仮説**（H_1 とも書く）とが立てられ，以下のように考える。

> 帰無仮説（H₀）：検討対象となる変数の値＝仮説値
> 対立仮説（H₁）：
> （両側検定の場合）検討対象となる変数の値≠仮説値
> （片側検定の場合）検討対象となる変数の値＞（または＜）仮説値

係数推計値の仮説検定

　$\beta=0$ を検定する場合，検討対象となる変数の値にbの値，仮説値にゼロを用いる。また，何を検討対象とするかによって，両側検定を用いる場合と，片側検定を用いる場合とがある。例えば，英語の試験の得点をy，英語の学習時間をxとして，$y=\alpha+\beta x$ という関係を検討するとき，帰無仮説 $\beta=0$ に対する対立仮説は $\beta>0$（片側検定）である。なぜなら，英語の学習時間が多くなるほど英語の試験の得点が下がる（b<0）ことは通常あり得ないと想定されるので，この場合，帰無仮説が正しくないとすれば，$\beta>0$ しかないはずである。他方，英語の試験の得点をy，数学の学習時間をxとして，$y=\alpha+\beta x$ という関係を検討するとき，帰無仮説 $\beta=0$ に対する対立仮説は $\beta\neq0$（両側検定）である。なぜなら，数学の学習時間が英語の試験の得点に与える影響を明確には特定できないので，帰無仮説が正しくないとすれば，$\beta>0$ または $\beta<0$ の両方の可能性があり得るからである。

　仮説検定を行うにあたり，求めるt値は次のように計算する。

$$t=\frac{b-\beta}{b\text{の標準誤差}}$$

　通常，回帰分析はパソコンなどを用いて行い，その結果として標準誤差も出力されるので，標準誤差を自分で計算する必要はない。

　具体例として，図表4-4でみたソニーの前月比株価変化率とTOPIXの前月比変化率の回帰分析をExcelで行った結果をみてみよう。ここでは以下の式を推計している。

回帰式：ソニーの前月比株価変化率＝a＋b×TOPIX の前月比変化率

観測期間：1998 年 2 月〜 2008 年 10 月

回帰統計

重相関 R	0.611126
重決定 R2	0.373475
補正 R2	0.368542
標準誤差	0.101398
観測数	129

分散分析表

	自由度	変動	分散	観測された分散比	有意 F
回帰	1	0.778369	0.778369	75.70536612	1.46E-14
残差	127	1.305758	0.010282		
合計	128	2.084127			

	係数	標準誤差	t	P- 値	下限 95%	上限 95%
切片	−0.00179	0.008932	−0.20064	0.841301095	−0.01947	0.015882
X 値 1	1.494831	0.171802	8.700883	1.45602E-14	1.154865	1.834797

　x は X 値 1 と表示されている。説明変数が複数ある場合は，X 値 1，X 値 2，・・・，と出力されるがここでは説明変数が 1 つなので X 値 1 のみが表示される。その係数，1.494831 が b の推定結果であり，その標準誤差が 0.171802 である。切片の係数，−0.00179 は a に相当する。データの数は観測数 129 なので，自由度は 129−2＝127 である。Excel では $\beta=0$ を帰無仮説とした場合の t 値があらかじめ計算され，それが 8.700883 と出力されている。

　t 分布表を使って仮説検定を行うには，片側検定の場合，t 分布の右裾からの面積が 10%，5%，1% となる t 値をそれぞれ t 分布表から求め（それぞれ $t_{10\%}$，$t_{5\%}$，$t_{1\%}$ とする），これらを**臨界値**として，帰無仮説の下で計算された t 値と大小関係を比較する。計算された t 値＞臨界値であれば，帰無仮説に基づく t 値が**棄却域**に入ると解釈し，帰無仮説を棄却する。例えば，$t_{10\%}<t<t_{5\%}<t_{1\%}$ となった場合，帰無仮説は 10% 有意水準で棄却されるが，5% 有意水準，1% 有

意水準では棄却されないと解釈する。臨界値は有意水準の数字が小さくなるほど大きくなるので，有意水準の数字が小さくなるほど帰無仮説は棄却されにくくなる。

例えば，5％有意水準の意味は，帰無仮説が正しい場合に，t値がそのような値をとる確率が5％以下，いいかえると，帰無仮説が正しいにもかかわらず，t値が棄却域に入り，帰無仮説を棄却してしまう可能性が5％以下ということである（10％有意水準，1％有意水準も同様）。

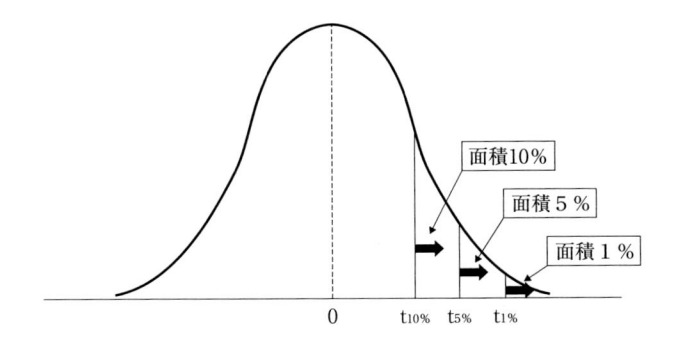

両側検定では，右裾と左裾の両方が棄却域になるので，有意水準をα％とすると，対応する面積α％を半分にして臨界値を求める。つまり，10％有意水準では右裾からの面積が5％，5％有意水準ではその面積が2.5％，1％有意水準ではその面積が0.5％に対応するt値が臨界値となる。

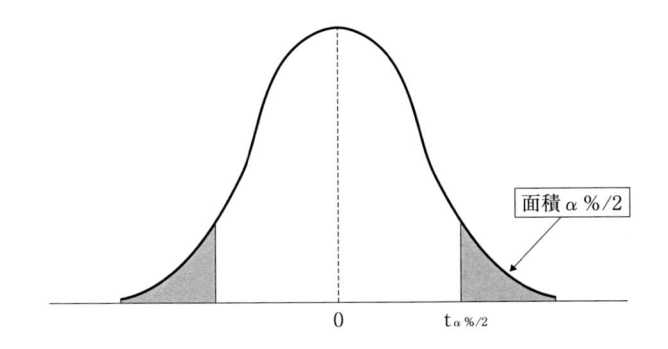

先の Excel で出力された結果では $\beta=0$ を帰無仮説とする t 値が 8.700 であった。ここでの帰無仮説は $\beta=0$ であり，帰無仮説が正しくない場合 β の符号は明確でないので両側検定を行う。自由度 127 に対応する数字が t 分布表にないので，自由度 120 で代用すると，$t_{10\%/2}=1.658$, $t_{5\%/2}=1.980$, $t_{1\%/2}=2.576$ であることがわかるので，すべての有意水準において帰無仮説は棄却される。ちなみに，$\alpha=0$ の帰無仮説を同様に考えると，y 切片の t 値が -0.20064 とあり，t 分布の 0 を中心とした対称性から，これを 0.20064 とすると，すべての有意水準において帰無仮説は棄却されない。

　なお，自由度が大きくなると，t 分布は標準正規分布と同じ形状になるので，その場合，標準正規分布表を使って検定を行っても結果は同じになる。例えば，自由度 ∞ のときの有意水準 10％（片側検定）に対応する t 値は 1.282 であるが，標準正規分布表において左裾からの面積が 90％（右裾から 10％）となる z 値も約 1.28 となり，ほぼ同じ値である。

　t 分布表が手元になく，かつ自由度が十分に大きい場合の経験的な目安として，帰無仮説に基づいて計算された t 値の絶対値が 2 以上であれば，両側・片側検定のいずれにおいても，5％有意水準で帰無仮説が棄却されることを覚えておくと便利であろう。

　以上では t 分布表をもとに仮説検定を考えたが，Excel では P 値を確認すれば，t 分布表なしで検定を行うことができる。P 値は t 分布の右裾から t 値までの面積を表し，ここでは X 値 1 について $\beta=0$ としたときのそれが 1.45602E-14 と表示されている。E-14 は $1/10^{14}$ という意味であり，ここでは 1.45602 を 10 の 14 乗で割った値を意味するのでほぼ 0％とみなしてよい。したがって，1％よりも小さいので，（両側・片側検定いずれにおいても）1％有意水準で帰無仮説が棄却される（当然，5％，10％有意水準でも棄却される）。他方，切片について $\alpha=0$ としたときの P 値が 0.8413 とあり，右裾からの面積が 84.13％であることがわかるので，帰無仮説は 10％有意水準で棄却されない（当然，5％，1％有意水準でも棄却されない）。

平均値の仮説検定

標本のデータ数が少ない場合，標本平均は t 分布に従い，中心極限定理は成立しない。この場合，標本平均の t 値は，z 値を計算する（4-10）式に代えて次のように計算される。

$$(4-11) \quad t = \frac{標本平均の値 - \mu}{標本標準偏差 / \sqrt{m}}$$

ここで，m は自由度（= n - 1），μ は母平均である。

【練習問題 4-5】

ある株式の過去 17 カ月の月次投資収益率から計算した標本平均が 2%，標本標準偏差が 4% であった。このとき，母平均が 0% であるという帰無仮説を検定すると結果はどうなるか。

データ数が少ないので，標本平均は t 分布に従う。帰無仮説 $\mu = 0$ の下での t 値は（4-11）式より，

$$t = \frac{2-0}{4/\sqrt{16}} = 2$$

となる。ここでの検定は両側検定，自由度は 16（= 17-1），各臨界値は，t 分布表から，$t_{10\%/2} = 1.746$，$t_{5\%/2} = 2.120$，$t_{1\%/2} = 2.921$ である。したがって，$t_{10\%/2} <$ 帰無仮説に基づく t 値 $2.000 < t_{5\%/2}$ なので，帰無仮説は 10% 有意水準で棄却されるが，5% 有意水準では棄却されない。

5. 区間推定

　母集団の真の値が未知の場合，標本から推定することになるが，標本平均などは確率変数なのでさまざまな値をとりうる。そこで，母集団の真の値を特定の値として推定（点推定）するのではなく，標本平均などが確率変動することを前提に一定の幅をもたせて推定する方法もあり，これを**区間推定**とよぶ。

　考え方は図のように，まず両側検定の有意水準と同様の臨界値を考える。例えば，αが10%であれば，右裾および左裾からの面積が5%となる臨界値を考える。信頼区間として考えるのは下限の臨界値（下方信頼限界）から上限の臨界値（上方信頼限界）までで，αが10%の場合，両者の間が90%信頼区間となる。

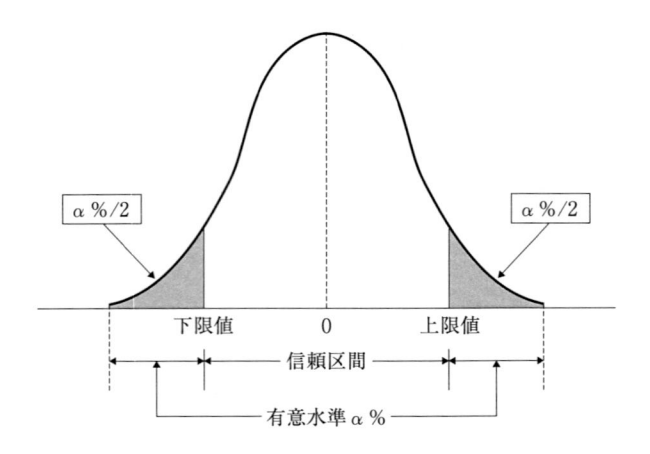

　90%信頼区間とは，この区間のなかに真の値を含む可能性が90%であることを意味する。その信頼性の大きさを**信頼係数**とよび，90%信頼区間の場合，信頼係数は90%である。

5-1　母平均の区間推定

　標本平均を用いて母平均 μ を推定する場合，点推定として標本平均＝母平均とするのではなく，標本平均が確率変動することを前提に，母平均を区間推定することができる。ただし，前節でみたように，母集団が正規分布に従っている場合であっても，標本のデータ数が少ない場合，標本平均はt分布に従うことを考慮しなければならない。

　例えば，90％信頼区間を考える場合，(4-11)式のt値の上方信頼限界が $t_{5\%}$，下方信頼限界が $-t_{5\%}$ なので，信頼区間のなかでとりうるt値は，

$$-t_{5\%} \leq \frac{標本平均の値 - \mu}{標本標準偏差/\sqrt{m}} \leq t_{5\%}$$

と書くことができる。これを変形したうえで，信頼係数を $[1-\alpha\%]$ と一般化して表現すると，

(4-12)　$標本平均の値 - t_{\alpha\%/2} \times \frac{標本標準偏差}{\sqrt{m}} \leq \mu \leq 標本平均の値 + t_{\alpha\%/2} \times \frac{標本標準偏差}{\sqrt{m}}$

となる。

【練習問題4-6】

　ある株式の過去10ヵ月の月次投資収益率が以下のようになっていた。

						(%)			
2.0	1.0	2.0	0.0	3.0	-2.1	-0.8	2.4	2.5	2.0

(1) 母平均と母標準偏差の推定値はいくらか。

　点推定として，母平均の推定値を求める。母平均は，
標本平均＝母平均＝(2.0＋1.0＋2.0＋0.0＋3.0－2.1－0.8＋2.4＋2.5＋2.0)/10＝1.20(％)
となる。

3-2節で述べたように，母分散=標本分散×n/(n-1) なので，
標本分散 = $\{(2.0-1.2)^2 + (1.0-1.2)^2 + \cdots + (2.0-1.2)^2\}/10 = 2.466$
母分散 = 標本分散×n/(n-1) = 2.466×10/9 = 2.740 となる。
したがって，母標準偏差 = $\sqrt{2.740}$ = 1.655
となる。

(2) 信頼係数95％の母平均 μ の信頼区間はどのようになるか。

区間推定として，母平均の95％信頼区間を求める。自由度は 10-1=9 なので，信頼係数95％に対応する臨界値は $t_{5\%/2} = 2.262$ となる。また，標本標準偏差は，(1) で求めた標本分散の平方根をとると1.570％となるので，これらを (4-12) 式に代入すると，$1.2 - 2.262 \times \dfrac{1.570}{\sqrt{9}} \leq \mu \leq 1.2 + 2.262 \times \dfrac{1.570}{\sqrt{9}}$ より，

$0.02\% \leq \mu \leq 2.38\%$

となる。

5-2 係数推計値の区間推定

単回帰分析の係数推計値 b は，自由度=データ数-2 の t 分布に従い，係数の真の値を β とし，信頼係数を $[1-\alpha\%]$ と表現すると，信頼区間のなかでとりうる t 値は，

$$-t_{\alpha\%/2} \leq \frac{b-\beta}{b\text{の標準誤差}} \leq t_{\alpha\%/2}$$

となる。これを変形すると，

(4-13)　$b - t_{\alpha\%/2} \times b\text{の標準誤差} \leq \beta \leq b + t_{\alpha\%/2} \times b\text{の標準誤差}$

となる。

【練習問題4-7】

以下は，図表4-4での単回帰分析の結果である。TOPIXの係数1.495の95%信頼区間はどのようになるか。

ソニーの前月比株価変化率 ＝ －0.002 ＋ 1.495×TOPIXの前月比変化率
　　　　　　　　　　　　　　(0.009)　(0.172)

ここで，括弧内の数字は係数推計値の標準誤差。データの観測数129。

t分布表に自由度129－2＝127が記載されていないので120で代用すると，信頼係数95%に対応する臨界値は$t_{5\%/2}=1.980$となる。これらを（4－13）式に代入すると，$1.495-1.98\times0.172\leq\beta\leq1.495+1.98\times0.172$より，

$1.15\leq\beta\leq1.84$

となる。

5-3　抽出データの区間推定

母集団の真の値を区間推定した5-1節および5-2節での考察とは逆に，母集団の統計量があらかじめわかっている場合において母集団からデータを抽出すると，抽出されたデータが想定した信頼係数の下でどのような範囲の値をとるかを区間推定することもできる。つまり，一定の幅をもたせて抽出データの値を予想するのである。

株式の投資収益率データの母集団は無限母集団なので，すべてのデータを抽出することは不可能だが，3-2節で述べたように，標本サイズnが十分に大きければ標本平均および標本標準偏差を母平均および母標準偏差とみなしてよい。さらに，株式の投資収益率データは正規分布に従うと考えられる。したがって，投資収益率のデータ数が十分に大きい標本を観察すれば，それらの結果から，母集団の性質があらかじめわかっていると仮定してもよい。

以上から，投資収益率をRとすると，この母集団から新たにデータを抽出

した場合，[1−α%] の確率で，R の z 値が信頼区間のなかでとりうる範囲は，

$$-z_{\alpha\%/2} \leq \frac{R-\mu}{R\text{の標準偏差}} \leq z_{\alpha\%/2}$$

となる。これを変形すると，

(4−14)　　$\mu - z_{\alpha\%/2} \times R\text{の標準偏差} \leq R \leq \mu + z_{\alpha\%/2} \times R\text{の標準偏差}$

となる。ここでは，母集団の統計量を所与としているので，区間推定しているのは母平均ではなく抽出データである点が，(4−12) 式および (4−13) 式と異なっている。

【練習問題 4 − 8】

過去の経験から，ある株式の月次投資収益率が，平均 12%，標準偏差 3% の正規分布に従う確率変数であることがわかっている。今後 1 カ月この株式に投資したとき，信頼係数 95% の信頼区間の投資収益率はいくらになるか。

信頼係数 95% に対応する臨界値は，標準正規分布表より左裾からの面積が 97.5% となる z 値であり，$z_{5\%/2} = 1.96$ となる。これらを (4−14) 式に代入すると，$12 - 1.96 \times 3 \leq R \leq 12 + 1.96 \times 3$ より，

$6.12\% \leq R \leq 17.88\%$

となる。つまり，95% の確率で，今後 1 カ月の投資収益率はこの範囲内の値となると予想される。

第5章
ポートフォリオの理論

　複数の証券に投資すると分散投資の効果が生じるため，これを考慮した視点からの分析が必要となる。今日，その分析の枠組みは現代ポートフォリオ理論 (Modern Portfolio Theory, MPT) として体系化されている。

1. 危険資産ポートフォリオ

　リスクがゼロの資産を安全資産とよぶ。これに対して，リスクを持った資産を危険資産とよぶ。以下ではまず，危険資産だけからなるポートフォリオについて考える。

2証券ポートフォリオ

　ポートフォリオの期待投資収益率とリスクについては第4章ですでに紹介した。2証券からなるポートフォリオにおいて，資金の全額をどちらかの証券に投資する場合，証券1の組入れ比率 w_1 と証券2の組入れ比率 w_2 の合計は1であるから $w_2 = 1 - w_1$ と表すこともでき，w_1 の値が決まればそれに伴って w_2 の値も決まる。証券1の組入れ比率 w_1 を0％から100％まで変化させ，ポートフォリオの期待投資収益率（期待リターン）と投資収益率の標準偏差（リスク）を，(4-2) 式と (4-5) 式を利用してシミュレーションしたのが図表5-1である。

　ここで，記号の意味は第4章と同じで，ポートフォリオの期待投資収益率を $E(R_p)$，証券1の期待投資収益率を $E(R_1)$，証券2の期待投資収益率を $E(R_2)$，ポートフォリオの投資収益率の標準偏差を σ_p，証券1の投資収益率の標準偏

図表5-1　2証券ポートフォリオのシミュレーション結果

$E(R_1)$	σ_1	$E(R_2)$	σ_2
5%	10%	20%	15%

w_1	$E(R_p)$	$\rho_{12}=1$	$\rho_{12}=0$	$\rho_{12}=-1$
		\multicolumn{3}{c}{σ_p}
0%	20.0%	15.0%	15.0%	15.0%
5%	19.3%	14.8%	14.3%	13.8%
10%	18.5%	14.5%	13.5%	12.5%
15%	17.8%	14.3%	12.8%	11.3%
20%	17.0%	14.0%	12.2%	10.0%
25%	16.3%	13.8%	11.5%	8.8%
30%	15.5%	13.5%	10.9%	7.5%
35%	14.8%	13.3%	10.4%	6.3%
40%	14.0%	13.0%	9.8%	5.0%
45%	13.3%	12.8%	9.4%	3.8%
50%	12.5%	12.5%	9.0%	2.5%
55%	11.8%	12.3%	8.7%	1.3%
60%	11.0%	12.0%	8.5%	0.0%
65%	10.3%	11.8%	8.4%	1.3%
70%	9.5%	11.5%	8.3%	2.5%
75%	8.8%	11.3%	8.4%	3.8%
80%	8.0%	11.0%	8.5%	5.0%
85%	7.3%	10.8%	8.8%	6.3%
90%	6.5%	10.5%	9.1%	7.5%
95%	5.8%	10.3%	9.5%	8.8%
100%	5.0%	10.0%	10.0%	10.0%

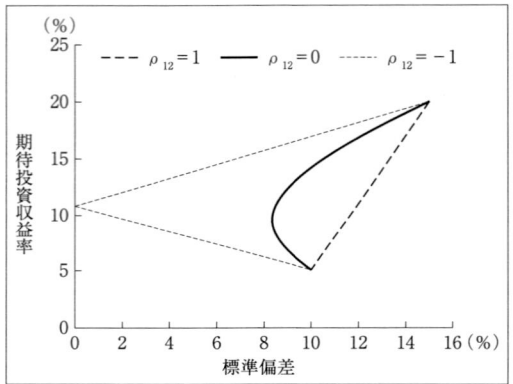

差をσ_1，証券2の投資収益率の標準偏差をσ_2とする。

$E(R_1)=5\%$，$E(R_2)=20\%$，$\sigma_1=10\%$，$\sigma_2=15\%$，さらに両証券の投資収益率の相関係数ρ_{12}について，1，0，-1と3通りの値をおき，それぞれについて計算した結果をみると，次の2点がわかる。

① 図にみられる弧および直線は，**投資機会曲線**とよばれ，組入れ比率を変化させると，所与の相関係数の下で，期待投資収益率と標準偏差の組合せがこの曲線上で移動する。

② 相関係数が変化すると投資機会曲線の形状が変化し，相関係数が1より小さくなるほど，曲線が左側に伸びていく。図表5-1の表において期待

投資収益率が例えば11.0％となる行をみると，標準偏差は，相関係数が1のとき12.0％，0のとき8.5％，−1のとき0.0％となり，同一の期待投資収益率の下では，相関係数が小さくなるほど標準偏差が小さくなり，節約された標準偏差が分散投資の効果を表す。

2証券の期待投資収益率および標準偏差が同じでない限り，ここでの数値例に限らず，①，②の事実が成立する。したがって，2証券の銘柄を選択し，それらの組入れ比率を決めるということは，それぞれの期待投資収益率，標準偏差，相関係数の下で導出された投資機会曲線上で，一点を選択することと同じである。また，任意に2銘柄選択したとき，両者の相関係数が1ないし−1となるのは稀であり，通常，相関係数はそれらの間の値をとる。相関係数が1より小さい限り分散投資の効果が存在するので，個別銘柄のみに投資するより，複数銘柄に分散投資するほうが，負担するリスクを節約できる分だけ，効率的である。

<u>多証券ポートフォリオ</u>

証券1，証券2からなるポートフォリオの投資機会曲線上で一点を選び，この一点（証券1と証券2の任意の組合せ）と証券3を組み入れる3証券ポートフォリオを考えてみよう。以下の図にあるように，各証券の組合せに基づいた投資機会曲線は無数に存在するが，無駄なリスクをとらないという観点から，実際に選ばれるのは最も左側に位置する投資機会曲線である。

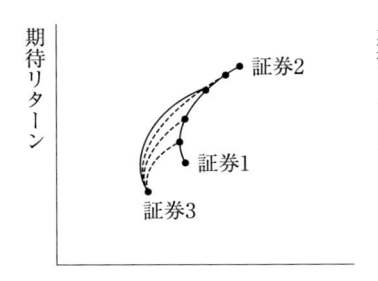

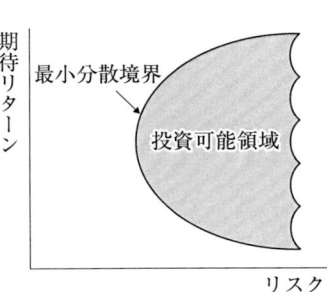

同様の考え方で，3証券ポートフォリオの投資可能曲線に，第4の証券を新たに加え，またさらに第5の証券を加えるといったことを繰り返していくと，合成された投資可能曲線がさらに左側へ伸びていく。多数の証券からこうして合成された投資可能曲線の内側（右側）の領域は**投資可能領域**とよばれ，最も左側に位置する投資可能曲線は**最小分散境界**ともよばれる。

2. 投資家の選好

　投資成果がわかるのは，投資を行ってから一定の時間が経過した後であり，投資を行う前，あるいは投資を行った時点では，投資収益率はまだ確定していない。したがって，投資家が意思決定を行う段階では，期待投資収益率とリスクをもとに判断することになる。
　リスクに対する態度によって，投資家は次の3つのタイプに分類される。

リスク回避者：期待収益率が同じであれば，リスクが大きいほど満足度が低下する。また，リスクが同じであれば，期待収益率が大きいほど満足度が上昇する。
リスク愛好者：期待収益率が同じであれば，リスクが大きいほど満足度が上昇する。また，リスクが同じであれば，期待収益率が大きいほど満足度が上昇する。
リスク中立者：リスクの大きさは満足度に影響せず，期待収益率が大きいほど満足度が上昇する。

　投資家にとって運用資金が少額である場合はともかく，通常のケースでは，投資家はリスク回避的に行動すると考えられる。そこで，投資家がリスク回避者であることを前提として，期待収益率とリスクが変化した場合に，満足度の水準がどのように変化するかを考えてみよう。
　同じ満足度を表す期待収益率とリスクの組合せの軌跡を**無差別曲線**とよぶ。

図表5−2は，リスク回避者の無差別曲線を図示したものである。当初，期待収益率とリスクの組合せが点Aであったとすると，この組合せによって一定の満足度が得られる。次に，期待収益率を一定のまま，リスクだけが増大すると（点B），リスク回避者である投資家の満足度が点Aで得られていた満足度よりも低下する。今度は，点Bから期待収益率だけを上昇させると，どこかの点（点C）で元の満足度の水準に戻るはずである。こうして，点Aと点Cとを結ぶと，同一の満足度を表す無差別曲線が得られる。

点Bを通る無差別曲線と，点Cを通る無差別曲線とを比較すると，同一のリスクの下では期待収益率の大きい後者の無差別曲線のほうが，満足度が大きい。したがって，危険回避者の無差別曲線は，右下方に凸となり，左上方に位置する無差別曲線ほど満足度が大きい。

また，危険回避の度合いが大きくなるほど，リスクの増大分を補償するために必要な期待収益率の増加分が大きくなるので，これを反映して無差別曲線の曲率（カーブ）が大きくなる。

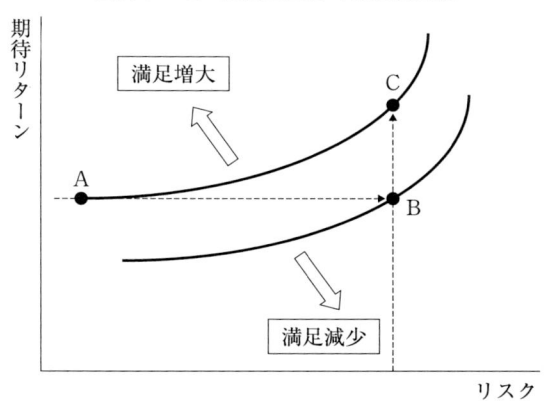

図表5−2　危険回避者の無差別曲線

3. 安全資産と危険資産ポートフォリオ

　危険資産のみからなるポートフォリオに投資する場合，ポートフォリオ内の各証券の組合せ比率を選択することによって，投資可能集合のなかの一点を選択することになる。ここで，無差別曲線を重ねて考えると，選択可能な（投資可能な）領域のなかで，無差別曲線と最小分散境界とが接する点が，最小のリスクの下で最大の満足をもたらすという意味で最も効率的となる。この点を接点ポートフォリオとよび，危険資産ポートフォリオに投資をする際には，この点が投資家に選ばれる。ただし，危険回避の度合いによって無差別曲線の曲率が異なるため，最小分散境界と無差別曲線とが接する接点ポートフォリオは，投資家ごとに異なる。

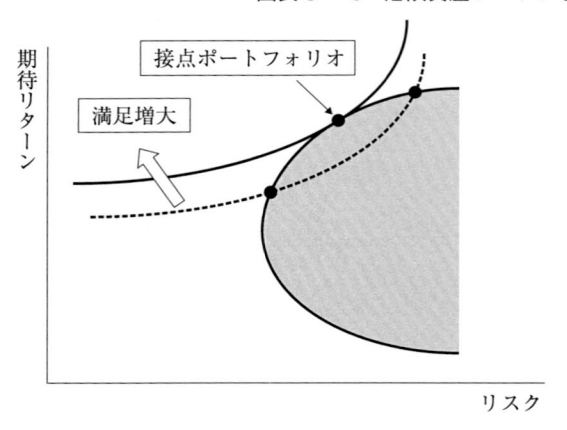

図表 5 − 3　危険資産ポートフォリオ

　ここで，危険資産と安全資産からなるポートフォリオを考えてみる。安全資産の収益率を R_f とすると，（4 − 2）式から期待収益率は

$$E(R_p) = w_1 E(R_1) + (1-w_1)R_f = R_f + \left[E(R_1) - R_f\right]w_1$$

となるが，安全資産の定義を考慮すると，

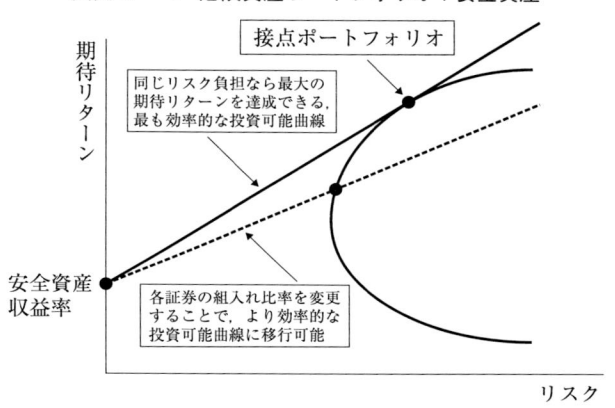

図表5-4 危険資産ポートフォリオ＋安全資産

$$E(R_p) = R_f + \left[E(R_1) - R_f\right]\frac{1}{\sigma_1}\sigma_p$$

となる*)。この式から，ポートフォリオのリスクと期待リターンの組合せ（投資可能曲線）は，R_fを起点とする，傾き$\left[E(R_1) - R_f\right](1/\sigma_1)$の直線となることがわかる。したがって，証券1を危険資産ポートフォリオのなかから選ばれた一点とみなせば，最も効率的な投資可能曲線は，安全資産を起点として，最小分散境界と接する直線となる。また，この新たな投資可能曲線において，接点ポートフォリオより右側の領域は，安全資産利子率で借入を行い，危険資産を買い増した場合に到達する投資可能領域となる。

図表5-4のような投資可能曲線と，無差別曲線とを重ねると，両者の接点が，安全資産と危険資産ポートフォリオとの最も効率的な組合せとなる（図表5-5）。この接点を**最適ポートフォリオ**とよぶ。最適ポートフォリオの位置は，

---

*) 第4章（4-5）式において安全資産を証券2とみなせば，安全資産の定義からσ_2およびρ_{12}はゼロなので，（4-5）式にこれらの値を代入し，標準偏差に直すと$\sqrt{Var(R_p)} = \sigma_p = w_1\sigma_1$となる。これを変形すると$\sigma_p/\sigma_1 = w_1$となり，$E(R_p) = w_1E(R_1) + (1-w_1)R_f = R_f + \left[E(R_1) - R_f\right]w_1$に代入するとこの式が得られる。

図表5－5　分離定理

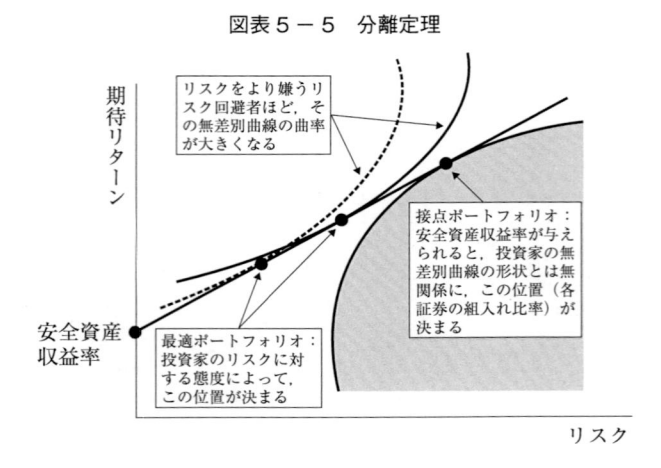

投資家の無差別曲線の形状，すなわち投資家のリスクに対する態度によって決まる。他方，接点ポートフォリオの位置は，最小分散境界と安全資産収益率によって決まる。最適ポートフォリオと接点ポートフォリオとが別々に決まるという意味で，これを**分離定理**とよぶ。分離定理の下では，危険資産ポートフォリオ内の各証券の組合せ比率は，安全資産収益率が与えられると決まり，投資家のリスクに対する態度はその比率の決定に影響しない。

4．マーケット・モデル（市場モデル）

個別証券の投資収益率は市場ポートフォリオ（後述）の投資収益率と一定の関係を持っているとの前提で，以下の関係式を考える。この前提に立つ考え方を**マーケット・モデル（市場モデル）**とよぶ。第4章図表4－4で行った回帰分析は，この関係式をデータによって推計した一例である。

(5-1)　　$R_i = \alpha_i + \beta_i R_m + e_i$

ここで，R_iは証券 i の投資収益率，R_mは市場ポートフォリオの投資収益率（市場インデックスの変化率で代用），α_iとβ_iは証券 i に固有の定数である。e_iは

誤差項とよばれ，R_mでは説明できないR_iの変動要因を表し，ランダムな値をとるが平均はゼロとなる。

(5-1) 式の両辺の分散をとって整理すると，

(5-2) $\quad \sigma^2_i = \beta_i^2 \sigma^2_m + \sigma^2_{e_i}$

となる[*]。左辺は証券iの総リスク，右辺第1項は**市場リスク**（システマティック・リスク），第2項は**固有リスク**（アンシステマティック・リスク）とよばれ，各証券の総リスクは2種類のリスクに分解できることがわかる。

市場リスクのうち，σ_mはすべての証券に共通なので，各証券の市場リスクの大きさを決めるのはβ_iの部分である。これについては後述するCAPMのところで再度述べる。

次に，複数の証券からなるポートフォリオを市場ポートフォリオで説明する回帰式を考え，先と同様，両辺の分散をとると以下のようになる。添え字pは個別証券iに換えて，ポートフォリオであることを表す。

$$\sigma^2_p = \beta_p^2 \sigma^2_m + \sigma^2_{e_p}$$

ここで，ポートフォリオに組み入れた各証券の誤差項は，それぞれが各時点で平均ゼロの周りでランダムかつ相互に無関係に動くので，すべての誤差項を合計すると相互に影響を打ち消し合い，ポートフォリオ全体の誤差項e_pは組入れ証券数が多くなるほどゼロに近づいていく。つまり，分散投資によって，固有リスクが相互に打ち消しあう。ポートフォリオの固有リスク$\sigma^2_{e_p}$は，ポー

---

[*] (5-2) 式の導出。

$$\begin{aligned}
\sigma^2_i &= E\left[(R_i - E(R_i))^2\right] = E\left[\{(a_i + b_i R_m + e_i) - (a_i + b_i E(R_m) + E(e_i))\}^2\right] \\
&= E\left[\{b_i(R_m - E(R_m)) + (e_i - E(e_i))\}^2\right] \\
&= E\left[b_i^2(R_m - E(R_m))^2 + 2b_i(R_m - E(R_m))(e_i - E(e_i)) + (e_i - E(e_i))^2\right] \\
&= b_i^2 E\left[(R_m - E(R_m))^2\right] + 2b_i E\left[(R_m - E(R_m))(e_i - E(e_i))\right] + E\left[(e_i - E(e_i))^2\right] \\
&= b_i^2 \sigma^2_m + 2b_i \operatorname{cov}(R_m, e_i) + \sigma^2_{e_i} = b_i^2 \sigma^2_m + \sigma^2_{e_i}
\end{aligned}$$

図表 5 − 6　総リスクの分解

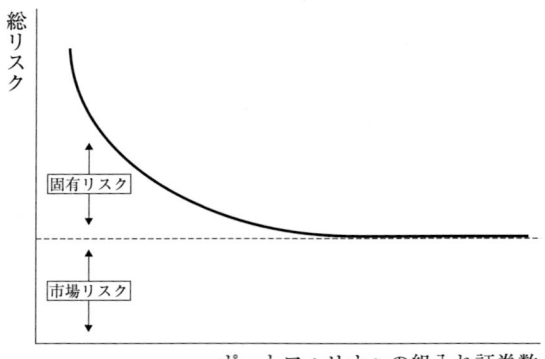

トフォリオへの組入れ証券数が増えるにしたがって減少し，経験によれば，組入れ証券数が 20 から 50 になるとほぼゼロになる。

【練習問題 5 − 1】

あるポートフォリオの市場ポートフォリオに対する相関係数が 0.6 のとき，決定係数はいくらか。また，リスク全体に占める固有リスクの割合は何％か。

第 4 章 2 − 3 節で述べたように，相関係数を 2 乗すると，単回帰式の決定係数となる。したがって，決定係数は $0.6^2 = 0.36$ となる。また，このときの回帰式は $R_p = a_p + b_p R_m + e_p$ で，これを最小二乗法で推計したときの回帰式の当てはまり度合いが決定係数である。a は α，b は β の推計値である。

回帰式の両辺の分散をとった結果が，$\sigma^2_p = b_p^2 \sigma^2_m + \sigma^2_{e_p}$ であり，両辺を総リスク σ^2_p で割ると，

$$1 = \frac{b_p^2 \sigma^2_m}{\sigma^2_p} + \frac{\sigma^2_{e_p}}{\sigma^2_p} = R^2 + \frac{\sigma^2_{e_p}}{\sigma^2_p}$$

となる。右辺第1項は総リスクに占める市場リスクの割合だが，これはR_pの全変動のうち，$a_p + b_p R_m$の変動で説明できる割合を意味するので，決定係数のことでもある。第2項は総リスクに占める固有リスクの割合である。したがって，$1 - R^2 = 1 - 0.36 = 0.64 = \dfrac{\sigma^2_{e_p}}{\sigma^2_p}$となるので，総リスクに占める固有リスクの割合は64%である。

5. 資本資産評価モデル（CAPM）

すべての投資家が各証券の期待リターンやリスクについて同じ評価をし，必要であれば借入によって市場に存在するすべての証券に投資できるなどの前提条件の下では，投資家が直面する危険資産ポートフォリオは市場そのもの（もしくは市場と同じ銘柄構成比で複製した市場のミニチュア）となる。この場合，図表5-5の接点ポートフォリオは，全証券によって構成された市場そのもののリスクと期待リターンの組合せとなり，これを**市場ポートフォリオ**とよぶ。市場ポートフォリオへの各証券の組入れ比率は，市場の時価総額（「各証券の発行済証券数×各証券の価格」の合計）に占める各証券の時価総額（その証券の発行済証券数×その証券の価格）の比率となる。

資本市場線

分離定理によって，最適ポートフォリオの位置は各投資家によって異なるが，市場ポートフォリオの位置はすべての投資家で共通である。つまり，それぞれのリスク回避の度合いに応じて，すべての投資家は市場ポートフォリオと安全資産との組合せ（最適ポートフォリオ）を投資可能曲線上で選択している。この場合の投資可能曲線を**資本市場線**（Capital Market Line, CML）とよぶ。つまり，資本市場線はすべての投資家で共通であり，投資家はこの線上の一点を最適ポートフォリオとして各自選択する。

安全資産と市場ポートフォリオの組合せからなる新たなポートフォリオを添え字pで表し，この新たなポートフォリオの期待収益率をCML上の点として

表現すると，

(5-3) $\quad E(R_p) = R_f + \dfrac{E(R_m) - R_f}{\sigma_m} \sigma_p$

となる。

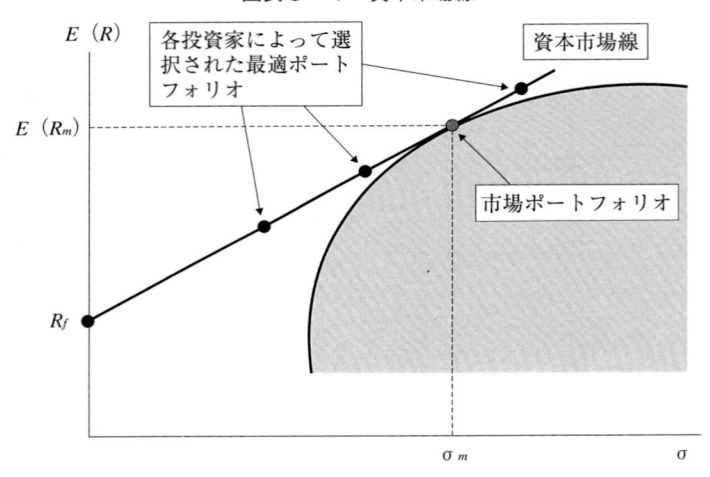

図表5-7 資本市場線

【練習問題5-2】

市場ポートフォリオの期待収益率が8％，標準偏差が10％，安全資産収益率が5％であった。初期資金が100万円，かつ安全資産収益率5％で借入が可能なとき，ある投資家が資本市場線上で最適ポートフォリオとして選んだ点の期待収益率が9.5％，標準偏差が15％であったとすると，この投資家は市場ポートフォリオにいくら投資するか。

市場ポートフォリオの組入れ比率をwとすると，最適ポートフォリオの期待収益率，

$$E(R_p) = wE(R_m) + (1-w)R_f = 8w + 5(1-w) = 3w + 5 = 9.5$$

より，$w = 1.5$ となる。したがって，安全資産を -50% 組み入れる，つまり50万円の借入を行って，市場ポートフォリオに 150%，つまり150万円投資する。

同じ結果は，最適ポートフォリオの分散，

$$\sigma_p^2 = w^2\sigma_m^2 + (1-w)^2\sigma_f^2 + 2w(1-w)\sigma_{mf} = 10^2 w^2 = 15^2$$

からも得られる。

証券市場線

市場ポートフォリオはすべての証券を時価総額構成比で組み込んだポートフォリオであるから，ここに含まれている証券を個別に取り出して論じることができる。

市場ポートフォリオはすべての証券を含んでいるので，十分に分散投資され固有リスクは消去されている。また，市場では各証券の需給が均衡するように各証券価格が決定されている。したがって，この均衡状態において，各証券価格は総リスクのうち市場リスクだけを考慮していることになる。これらの前提の下で，市場の均衡状態での証券 i の期待リターンは，

$$E(R_i) = R_f + \frac{\sigma_{im}}{\sigma_m^2}\left[E(R_m) - R_f\right]$$

となる。ここで，σ_{im}/σ_m^2，すなわち $Cov(R_i, R_m)/Var(R_m)$ は市場モデルの β_i と同じなので，

(5-4) $$E(R_i) = R_f + \beta_i\left[E(R_m) - R_f\right]$$

と書くことができる。この式によって証券の期待投資収益率を説明する考え方

を**資本資産評価モデル**（Capital Asset Pricing Model, CAPM（キャップエム））とよび，この式を**証券市場線**（Security Market Line, SML）とよぶ。CAPMによれば，市場の均衡状態において各証券の期待収益率がSML上に位置するように，各証券が価格づけされることになる。

　R_f と $E(R_m)$ はすべての証券で共通なので，個別証券の期待収益率を決める要因は β_i である。また，市場モデルを考えた際，市場ポートフォリオのリスク σ_m はすべての証券で共通なので，各証券の市場リスクの大きさを決める要因は β_i であった。したがって，市場の均衡状態においては，総リスク σ_i に代えて，β_i がリスク尺度となる。そのため，β_i は個別証券の**ベータ・リスク**とよばれることもある。

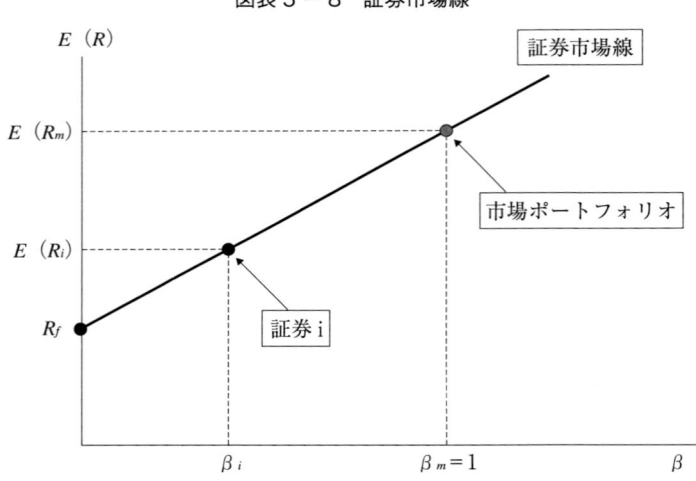

図表5-8　証券市場線

> **【練習問題 5-3】**
>
> 市場ポートフォリオの期待収益率が 8％，標準偏差が 10％，安全資産収益率が 5％であった。証券 i の標準偏差が 5％，市場ポートフォリオとの相関係数が 0.6 で，CAPM が成立するとき，証券 i の期待収益率はいくらか。
>
> $$\beta_i = \frac{\sigma_{im}}{\sigma_m^2} = \frac{\rho_{im}\sigma_i\sigma_m}{\sigma_m^2} = \frac{\rho_{im}\sigma_i}{\sigma_m} = \frac{0.6 \times 5}{10} = 0.3$$
>
> したがって，
>
> $$E(R_i) = R_f + \beta_i \left[E(R_m) - R_f \right] = 5 + 0.3 \times (8-5) = 5.9(\%)$$
>
> となる。

6. 証券特性線

(5-4) 式は期待投資収益率を扱っているので，これから投資をするにあたり，理論的に予想される事前ベースの関係式である。そして，投資の事後的な実績が CAPM の想定通りであれば，(5-4) 式は事後でも成立するので，

$$R_i = R_f + \beta_i \left[R_m - R_f \right]$$

となる。これを変形して，

(5-5) $\quad R_i - R_f = \alpha_i + \beta_i \left[R_m - R_f \right]$

と，証券 i の超過リターン ($R_i - R_f$) を市場ポートフォリオの超過リターン ($R_m - R_f$) で説明する回帰式にしたものを，**証券特性線**（Security Characteristic Line, SCL）とよぶ。理論通りの結果であれば $\alpha_i = 0$ である。他方，CAPM の想定よりも高いパフォーマンスになった場合は $\alpha_i > 0$，低いパフォーマンスにな

った場合は $\alpha_i<0$ となる[*]。つまり，α_i は理論値からの事後的なかい離を表し，ジェンセンのアルファともよばれる（図表5-12参照）。他方，β_i は市場モデルや CAPM で用いたものと同じである。

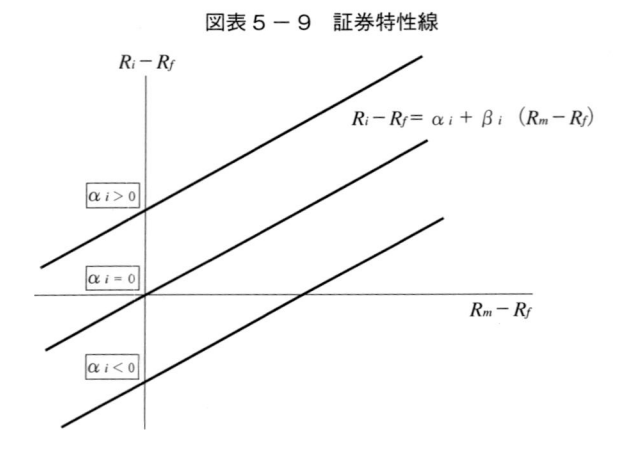

図表5－9　証券特性線

$$R_i - R_f = \alpha_i + \beta_i(R_m - R_f)$$

（縦軸：$R_i - R_f$、横軸：$R_m - R_f$、$\alpha_i > 0$、$\alpha_i = 0$、$\alpha_i < 0$）

過去のデータから，証券特性線を回帰分析によって推計すれば，α_i と β_i の推計値が得られる。

---

[*] ここでは，$\alpha_i>0$ のとき，投資を行った事後の評価として，証券 i の運用実績が理論値を上回ったことを意味する。他方，例えば投資家が予想する証券 i の期待収益率が，CAPM などの理論から導かれる期待収益率を上回っているという場合は，現在の証券価格が割安であることを意味する。

【練習問題 5 − 4】

　ある株式の直近 5 年間の月次超過収益率（Y）を市場ポートフォリオの超過収益率（X）に回帰させたところ次のような回帰式が得られた。なお，超過収益率には月次投資収益率から安全資産利子率を差し引いたものを使用した。

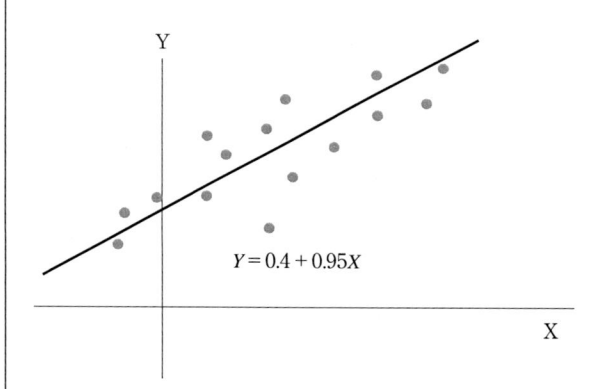

$$Y = 0.4 + 0.95X$$

(1) この株式のベータ値はいくらか。
　回帰式より，$\beta = 0.95$

(2) ジェンセンの α はいくらか。
　回帰式より，$\alpha = 0.4$

7. 金額加重収益率と時間加重収益率

　以下では，その中身がどんな証券かを問わず，ポートフォリオ全体の投資収益率を事後的に計算する方法を紹介する。

金額加重収益率

投資信託では新規資金の流入あるいは解約による資金流失など，投資期間中に資金の流出入が発生する。

金額加重収益率とは，初期のポートフォリオ V_0 と投資期間中に流出入した資金をすべて運用したものが，n期に時価総額 V_n となったときの投資収益率を表す。これを，

$$(5-6) \quad V_0(1+r)^n + C_1(1+r)^{n-1} + C_2(1+r)^{n-2} + \cdots = V_n$$

と表現したときのrが金額加重収益率である。左辺は運用した資金の総額，右辺は投資期間終了後のポートフォリオの時価総額を表す。

2年間 (n=2) の運用では，

$$V_0(1+r)^2 + C_1(1+r) = V_2$$

となる。1+rをxとおくと，上の式は次のように変形できる。

$$V_0 x^2 + C_1 x - V_2 = 0$$

2次方程式の解の公式 $ax^2 + bx + c = 0 \Rightarrow x = \dfrac{-b \pm \sqrt{b^2 - 4ac}}{2a}$ を使い，r=x-1とすると，

$$r = \frac{-C_1 + \sqrt{C_1^2 + 4V_0 V_2}}{2V_0} - 1$$

となる。金額加重収益率は投資期間中に流出入した資金の影響を受ける。

時間加重収益率

金額加重収益率は，運用資金全体の投資収益率を計算するので，ポートフォリオそのものの投資収益率を把握するのに適している。しかし，資金の流出入は運用者の意思によってコントロールできないので，運用者の運用能力を把握

第5章　ポートフォリオの理論 ○―― 135

するためには，資金の流出入の影響を取り除かなければならない場合もある。その影響を取り除いた投資収益率が**時間加重収益率**である。

ここで，2期間の運用を考えてみる。初期にV_0であったポートフォリオに，第1期にC_1の資金が新たに加えられ，第2期のポートフォリオの時価総額がV_2になった場合，C_1を含んでいる分だけV_2は大きくなっている。そのため，$V_1 \to V_2$の収益率を求めると過大に評価されてしまう。そこで，資金流出入があった前後で期間を分割し，$V_0 \to V_1$の収益率と，$V_1 + C_1 \to V_2$の収益率とをそれぞれ求め，両者を掛け合わせたものを2期間の投資収益率と考えれば，投資収益率から資金流出入の影響を取り除くことができる。つまり，

$$(1+R)^2 = \frac{V_1}{V_0} \times \frac{V_2}{V_1 + C_1}$$

とすれば，この式のRが1期当たりの時間加重収益率となる。

ここでは単純化のため，資金の流出入が年1回であるとして，運用期間を1年ごとに区切り，投資期間をn年間とすると，

$$(1+R)^n = \frac{V_1}{V_0} \times \frac{V_2}{V_1 + C_1} \times \frac{V_3}{V_2 + C_2} \times \cdots \times \frac{V_n}{V_{n-1} + C_{n-1}}$$

となる。したがって，年当たりの時間加重収益率は，

$$(5-7) \quad R = \sqrt[n]{\frac{V_1}{V_0} \times \frac{V_2}{V_1 + C_1} \times \frac{V_3}{V_2 + C_2} \times \cdots \times \frac{V_n}{V_{n-1} + C_{n-1}}} - 1$$

となる。

【練習問題 5－5】

以下のファンド X, Y, Z の金額加重収益率と時間加重収益率はいくらか。

	0 期	1 期	2 期
X:	1,000 →	1,080 →	1,188
Y:	1,000 →	1,080 →	
	資金流入	200	1,408
Z:	1,000 →	1,080 →	
	資金流出	－200	968

ファンド X：

金額加重収益率；$1,000(1+r)^2 = 1,188$ より，$r = \sqrt{\dfrac{1,188}{1,000}} - 1 = 9.00\%$

時間加重収益率；$(1+R)^2 = \dfrac{1,080}{1,000} \times \dfrac{1,188}{1,080}$ より，

$$R = \sqrt{\dfrac{1,080}{1,000} \times \dfrac{1,188}{1,080}} - 1 = 9.00\%$$

※ファンド X は資金流出入がないので，金額加重収益率と時間加重収益率は同じ結果になる。

ファンド Y：

金額加重収益率；$1,000(1+r)^2 + 200(1+r) = 1,408$ より，

$$r = \dfrac{-200 + \sqrt{200^2 + 4 \times 1,000 \times 1,408}}{2 \times 1,000} - 1 = 9.08\%$$

時間加重収益率；$(1+R)^2 = \dfrac{1,080}{1,000} \times \dfrac{1,408}{1,080 + 200}$ より，

$$R = \sqrt{\dfrac{1,080}{1,000} \times \dfrac{1,408}{1,080 + 200}} - 1 = 9.00\%$$

※資金流出入の影響を取り除いたものが時間加重収益率なので，その流出入がないファンドXと同じ結果になる。

ファンドZ：
金額加重収益率；$1,000(1+r)^2 - 200(1+r) = 968$ より，

$$r = \frac{200 + \sqrt{200^2 + 4 \times 1,000 \times 968}}{2 \times 1,000} - 1 = 8.89\%$$

時間加重収益率；$(1+R)^2 = \frac{1,080}{1,000} \times \frac{968}{1,080 - 200}$ より，

$$R = \sqrt{\frac{1,080}{1,000} \times \frac{968}{1,080 - 200}} - 1 = 9.00\%$$

※資金流出入の影響を取り除いたものが時間加重収益率なので，その流出入がないファンドXと同じ結果になる。

8. リスク調整後のパフォーマンス評価

ファンドの運用成績やファンドマネージャーの運用能力を比較する場合，負担したリスクの違いを考慮せず，実現した投資収益率だけで比較することはできない。投資にあたって高いリスクを負担すると，実現する収益の変動が大きくなるので，その時期はたまたま運良く好成績をあげただけかもしれず，別の時期には他の比較対象よりも成績が悪くなる可能性を否定できないからである。したがって，公平な比較を行うためには，負担したリスクの違いを考慮しながら運用実績を比較する必要がある。これまでみてきたように，リスク尺度には標準偏差σとβとがあり，運用実績の評価尺度にもσを用いたものとβを用いたものとがある。σを用いるものとしてジェンセンのアルファ・プライムおよびシャープ・レシオ，βを用いるものとしてジェンセンのアルファおよびトレーナーの測度がある。

ジェンセンのアルファ・プライム

σ をリスク尺度として,事後的 CML との垂直距離を表す。

投資家が,最適ポートフォリオとして,市場ポートフォリオと安全資産の組合せを選択するという理論的帰結に立てば,事後的な運用成果も CML 上に位置するはずである。運用したポートフォリオのパフォーマンスがそれ以上に良かった場合は,図表 5-10 のように,リスク・リターンの組合せが事後的 CML より上方に位置することになる。実績リターンとそれに対応する CML 上の点(理論値)との差として定義されるジェンセンのアルファ・プライムは次のような式となる。

$$\text{ジェンセンの } \alpha' = R_p - \left[R_f + \frac{R_m - R_f}{\sigma^m} \sigma_p \right]$$

図表の例でいえば,ポートフォリオ q のほうがポートフォリオ p よりも収益率が高いが,この評価尺度でみると,ポートフォリオ p のほうが CML 上の理論値との差が大きい。つまり,それぞれのリスク負担に対応する理論値との

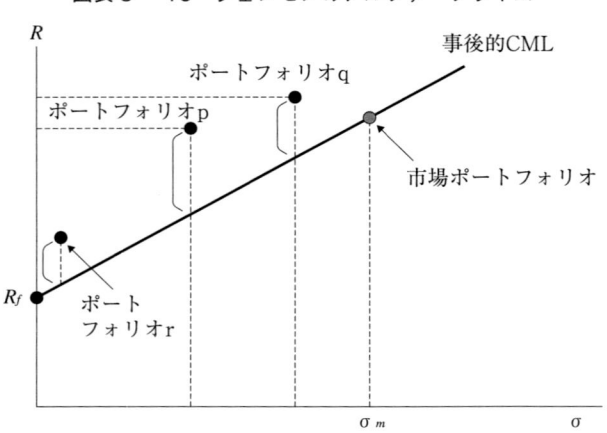

図表 5-10 ジェンセンのアルファ・プライム

かい離幅でみれば，ポートフォリオ p のパフォーマンスのほうが良かったことになる。

この評価尺度は，理論値との間でリスクの大きさを統一してみているため，比較するポートフォリオ間ではリスクの大きさは統一されていない。また，リスク尺度として σ を利用しているため，十分に分散投資されていないポートフォリオのパフォーマンス評価に適している。

<u>シャープ・レシオ（シャープの測度）</u>

σ をリスク尺度として，リスク 1 単位当たりの超過リターン（ポートフォリオの投資収益率 − 安全資産収益率）を表す。式で表現すると，

$$シャープ・レシオ = \frac{R_p - R_f}{\sigma_p}$$

リスク 1 単位当たりの超過リターンであるため，比較するポートフォリオ間でリスクが統一されており，もし同じリスク負担の投資だったとしたら，どのポートフォリオの超過リターンが最も大きかったかを比較することができる。

ジェンセンのアルファ・プライムによると，図表の例ではポートフォリオ r はポートフォリオ p よりパフォーマンスが悪いと評価されるが，シャープ・レシオではポートフォリオ r のパフォーマンスが最も良いと評価される。ジェンセンのアルファ・プライムと同様，リスク尺度として σ を利用しているため，十分に分散投資されていないポートフォリオのパフォーマンス評価に適している。

<u>ジェンセンのアルファ</u>

β をリスク尺度として，事後的 SML との垂直距離を表す。

十分に分散投資された市場ポートフォリオに含まれる個別証券やポートフ

図表 5 − 11　シャープ・レシオ

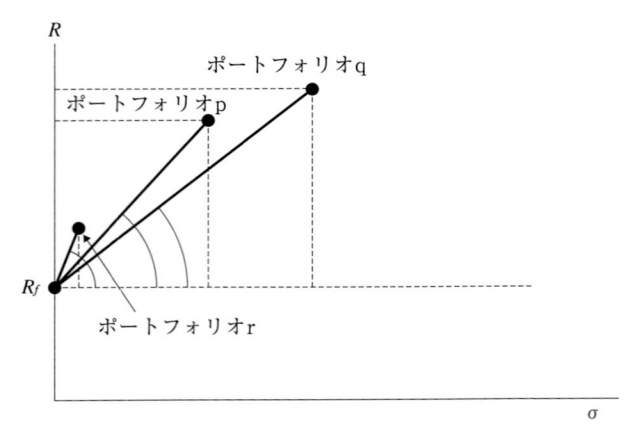

オリオは SML 上に位置するという理論的帰結に立てば，事後的な運用成果も SML 上に位置するはずである。運用したポートフォリオのパフォーマンスがそれ以上に良かった場合は，図表 5 − 12 のように，リスク・リターンの組合せが事後的 SML より上方に位置することになる。実績リターンとそれに対応する SML 上の点（理論値）との差として定義されるジェンセンのアルファは次のような式となる。

$$\text{ジェンセンの } \alpha = R_p - \left(R_f + \beta_i \left[E(R_m) - R_f \right] \right)$$

この評価尺度は，リスクを σ から β に変更し，ジェンセンのアルファ・プライムでの CML を SML に変更したものなので，理論値とのかい離幅をポートフォリオ間で比較するという点は同じである。また，比較するポートフォリオ間でリスクの大きさが統一されていないという点も同じである。固有リスクが消去されていることを前提とし，SML 上の理論値を基準とするため，十分に分散投資されたポートフォリオの相対比較に適している。

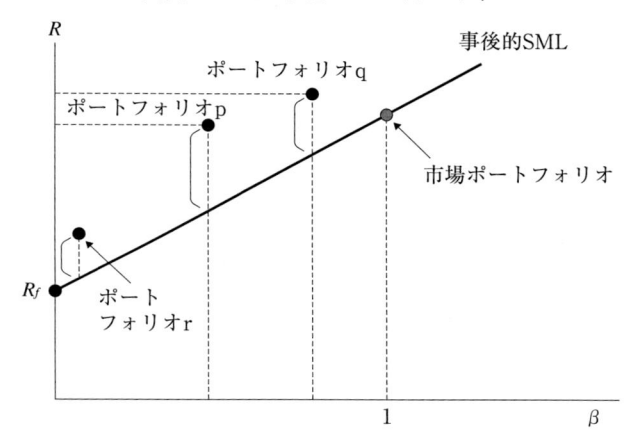

図表5-12 ジェンセンのアルファ

トレーナーの測度

β をリスク尺度として、リスク1単位当たりの超過リターンを表す。式で表現すると、

$$\text{トレーナーの測度} = \frac{R_p - R_f}{\beta_p}$$

リスク尺度を σ から β に変更しただけなので、考え方はシャープ・レシオと同様である。もし同じリスク負担の投資だったとしたら、どのポートフォリオの超過リターンが大きかったかを比較することができる。

ポートフォリオが十分に分散投資されていれば固有リスクがゼロとなるので、シャープ・レシオでみてもトレーナーの測度でみてもパフォーマンスの相対比較は同じ結果となる。逆に、十分に分散投資されていないポートフォリオは、シャープ・レシオではパフォーマンスが低く評価されるのに対し、トレーナーの測度では、実際には負担した固有リスクを無視して β のみで判定するので、パフォーマンスは高く評価される。

ジェンセンのアルファによると、図の例ではポートフォリオrはポートフォ

図表 5 – 13　トレーナーの測度

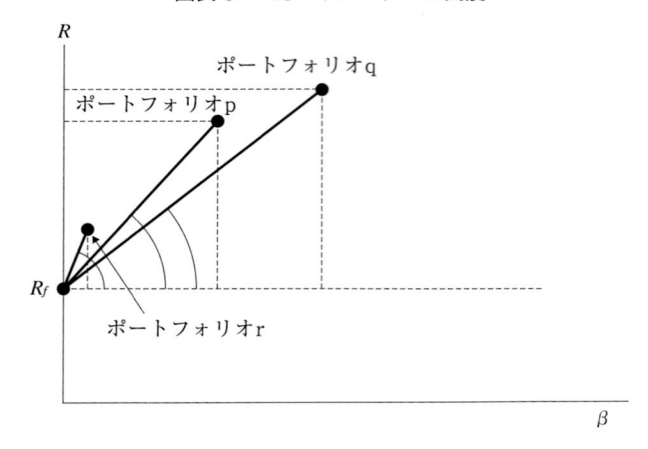

[図: 縦軸 R、横軸 β。R_f から延びる直線上にポートフォリオ p、ポートフォリオ q、ポートフォリオ r が示されている]

リオ p よりパフォーマンスが悪いと評価されるが，トレーナーの測度ではポートフォリオ r のパフォーマンスが最も良いと評価される。

　図表 5 – 14 は，投信評価機関であるモーニングスターの WEB[*] 上で公開されている，あるファンドの評価例である。過去一定期間のリターンのほか，本章で紹介した評価尺度のうち，シャープ・レシオが用いられている。その他，リスク尺度としてこのファンドの σ，β が公表されている。決定係数をリスク指標として用いるときは，練習問題 5 – 1 でみたように，総リスクに占める市場リスクの割合を意味する。このファンドの例では 6 割から 7 割が市場リスクの割合なので，固有リスクは 3 割から 4 割である。

---

[*]　URL: http://www.morningstar.co.jp/

図表5－14　ファンドのパフォーマンス評価例

パフォーマンス情報

	3カ月	6カ月	1年	3年	5年
トータルリターン	−21.6%	−16.9%	−24.9%	−4.8%	5.5%
パーセンタイルランク	―	―	3%	3%	2%
順位	―	―	15位	13位	6位
σ：シグマ	―	―	16.32	14.28	14.04
シャープ・レシオ	―	―	−1.56	−0.36	0.38
決定係数	―	―	78.90	69.52	65.35
β：ベータ	―	―	0.63	0.58	0.57

【練習問題5－6】

ポートフォリオの収益率，標準偏差，ベータ値が以下のようになっていた。ただし，安全資産利子率は2%である。

	収益率	標準偏差	β
ポートフォリオA	14	10	5
ポートフォリオB	8	5	2
市場ポートフォリオ	4	2	

(1) ジェンセンのアルファ・プライムにおいてすぐれているポートフォリオはどちらか。

$$A：14-\left[2+\frac{4-2}{2}\times 10\right]=2.0 \quad ：8-\left[2+\frac{4-2}{2}\times 5\right]=1.0$$

すぐれているポートフォリオ：A

(2) シャープ・レシオにおいてすぐれているポートフォリオはどちらか。

$$A：\frac{14-2}{10}=1.2 \quad B：\frac{8-2}{5}=1.2$$

すぐれているポートフォリオ：どちらも同じ

(3) ジェンセンのアルファにおいてすぐれているポートフォリオはどちらか。

A：$14-[2+5\times(4-2)]=2.0$　B：$8-[2+2\times(4-2)]=2.0$

すぐれているポートフォリオ：どちらも同じ

(4) トレーナーの測度においてすぐれているポートフォリオはどちらか。

A：$\dfrac{14-2}{5}=2.4$　B：$\dfrac{8-2}{2}=3.0$

すぐれているポートフォリオ：B

【練習問題 5－7】

練習問題 5－6 のポートフォリオ A および B について，ファンドの運用方針として，ポートフォリオ A はハイリスク・ハイリターンを狙い，値上がりが見込める業種の株式に集中投資するタイプの投資信託，ポートフォリオ B は安全指向型で株価が景気変動に左右されにくい業種に集中投資するタイプの投資信託であったとする。

両ファンドのパフォーマンスを比較する場合，どのパフォーマンス尺度を用いるのが妥当か。また，その評価尺度を用いると，どちらのファンドのパフォーマンスが良かったといえるか。

リスクのとり方に関して運用方針が異なるので，両ファンド間で負担したリスクを揃えて比較する必要はない。したがって，まず比較対象ポートフォリオ間でリスクの大きさを調整するシャープ・レシオやトレーナーの測度はこの場合適切ではない

また，特定の業種に選択投資しているので，両ポートフォリオは十分

に分散投資されておらず固有リスクが消去されていない可能性がある。この場合，固有リスクを無視してβのみで判定するジェンセンのアルファも評価尺度として適切でない。

　以上から，この比較において妥当な評価尺度は，ジェンセンのアルファ・プライムであり，この数値がすぐれているのは，ポートフォリオ A である。

第6章
債券の理論

　第1章で債券の商品設計を概観したが，この章では債券の理論価格や利回りなど，理論的な側面を紹介する。ここでは，デフォルトリスクを考慮する必要のない国債を中心にとりあげる。

1. 債券の理論価格

[割引現在価値]

　元利金の受け取りが確実な預金の金利が10％のとき，現時点で100万円預金すると，1年後の元利合計は110万円となる。つまり，1年後の110万円は，金利が10％のとき，現時点の100万円と価値が等しい。

100万円（現在価値）×（1＋金利10％）　　→　110万円（1年後の価値）
100万円（現在価値）　←　110万円（1年後の価値）÷（1＋金利10％）

　このように，将来のお金を現在時点の価値に引き直す方法を**割引現在価値法**とよぶ。金融資産を現時点で売買する場合，金融資産から得られる将来の収入（これをキャッシュフローとよぶ）を現時点で購入することになるので，金融資産の**理論価格**は割引現在価値法によって求められる。その際，金利が将来キャッシュフローの割引現在価値を決定する要素となる。

(1) 割引国債の場合

　割引債ではクーポンが支払われないが，現在と償還時の価格差がクーポン収入に相当するように，現在の価格が**額面**（償還時の元金の単位，通常100円）よ

① 1年割引国債の場合

1年後に償還される1年債の場合, 1年後に100円のキャッシュフローが得られるから, その割引現在価値は, $100 \div (1+金利)$ であり, 金利が10%の場合,

$$100 \div (1 + 10\%) = 90.91 \text{ (円)}$$

となり, この債券の現在の理論価格は90.91円となる。

② 2年割引国債の場合

2年後に償還される2年債の場合, 2年後に100円のキャッシュフローが得られるから, その割引現在価値は, $100 \div (1+金利)^2$ であり, 金利が10%の場合,

$$100 \div (1 + 10\%)^2 = 82.64 \text{ (円)}$$

となる。

③ n年割引国債の場合

同様の考え方で, n年後に償還されるn年割引国債の理論価格は, 金利をrとすると, 次のように求められる。

(6-1)　n年割引国債の理論価格 $= 100 \div (1+r)^n$

(2) 利付国債の場合

利付債も割引債と同様, 額面は100円である。ただし割引債と違い, 利付債は毎期クーポン収入が得られる。実際の利付国債は, 年2回クーポンが支払われるが, 以下ではまず年1回クーポンが支払われる場合で考える。

① 1年利付国債の場合(年1回利払い)

1年後に額面100円と,クーポン収入が得られる。例えば1回当たりのクーポンの支払額が5円の場合,1年後に100+5=105(円)のキャッシュフローが得られる。この割引現在価値がこの利付国債の現在の理論価格となる。つまり,金利が10%の場合,

$$105 \div (1+10\%) = 95.45 \text{ (円)}$$

となる。

② 2年利付国債の場合(年1回利払い)

2年後に額面とクーポン収入が得られるほか,1年後にもクーポン収入が得られる。

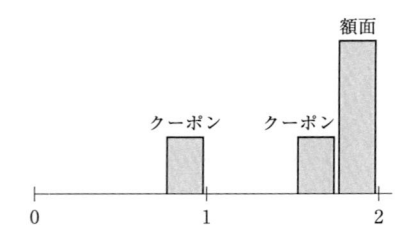

クーポン収入を5円とすると,2年利付国債は,額面が5円の1年割引債と,額面が「100+5」円の2年割引債を合わせて保有することと同じになる。つまり,金利が10%の場合,

$$5 \div (1+10\%) + 105 \div (1+10\%)^2 = 4.55 + 86.78 = 91.33 \text{ (円)}$$

となる。

③ n年利付国債の場合(年1回利払い)

同様の考え方で,n年後に償還されるn年利付国債の理論価格は,金利をr,

1回当たりのクーポン額をC円とすると，

(6-2)　n年利付国債の理論価格 $= \dfrac{C}{1+r} + \dfrac{C}{(1+r)^2} + \cdots + \dfrac{100+C}{(1+r)^n}$

となる。

【練習問題6-1】

金利が5％のとき，1回当たりのクーポン支払額が8円（年1回利払い）の3年利付国債の現在の理論価格はいくらか。

$$\dfrac{8}{1.05} + \dfrac{8}{1.05^2} + \dfrac{108}{1.05^3} = 7.62 + 7.26 + 93.29 = 108.17 \text{（円）}$$

---

(3) 年2回利払いの利付国債

実務では，利付債のクーポンは半年ごとに年2回支払われる。クーポン・レートc％といった場合，額面が100円のc％，つまり年間でC円のクーポンが支払われ，1回当たりの支払額はC/2円となる。

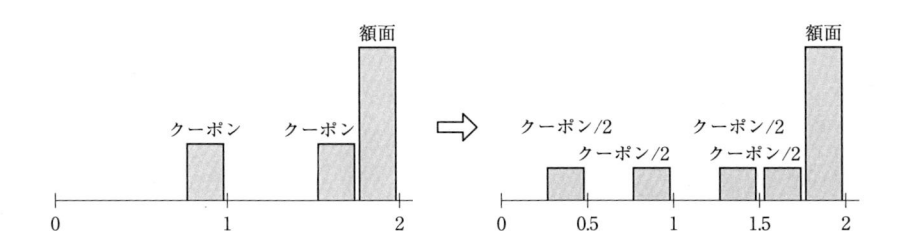

この場合，債券の残存年数をn年とすると，半年を1期とみなし，残存2n，毎期のクーポンがC/2円，額面100円の利付債券と考えればよい。ただし，1期は半年なので，年率で表示される金利は半分にして考える必要がある。

したがって，年2回利払いのn年利付債の理論価格は，

(6-3)　n年利付国債の理論価格（年2回利払い）

$$= \frac{C/2}{1+r/2} + \frac{C/2}{(1+r/2)^2} + \cdots + \frac{100+C/2}{(1+r/2)^{2n}}$$

となる。

【練習問題6-2】

金利が6％のとき，クーポン支払額が年間8円（年2回利払い）の2年利付国債の現在の理論価格はいくらか。

$$\frac{4}{1.03} + \frac{4}{1.03^2} + \frac{4}{1.03^3} + \frac{104}{1.03^4} = 3.88 + 3.77 + 3.66 + 92.40 = 103.72 \text{（円）}$$

---

2. 債券の投資収益率

　金融資産の投資収益率（債券の場合は利回りともいう）は，投資期間が異なると大小を単純に比較できないため，1年当たりの収益率で表示する慣例となっている。

　投資収益率の基本的な考え方は次のようになる。投資額を投資収益率r（年率）でn年間運用した結果，

　　投資額 × $(1+r)^n$ ＝ n 年間のキャッシュフロー合計

となるので，1年当たりの投資収益率は，

$$r = \sqrt[n]{\frac{n \text{年間のキャッシュフロー合計}}{\text{投資額}}} - 1$$

と計算される。

2-1　債券の利回り

　債券の投資収益率のことを一般に利回りとよぶ。利回りにはさまざまな概念があり，クーポン収入を再投資する場合を**複利利回り**，再投資しない場合を**単利利回り**とよぶ。また，投資した債券を満期まで保有する場合を**最終利回り**（単利，複利），満期前に転売する場合を**所有期間利回り**（単利，複利）とよぶ。さらに，複利利回りのうち，クーポンの再投資収益率と初期投資額の投資収益率とを区別する場合を**実効利回り**とよぶ。

(1) 複利利回り（最終利回り，所有期間利回り，実効利回り）

　利付債にn年間投資すると，その間クーポン収入が得られる。これを投資が終わるn年後までの間，再投資すると，n年間のキャッシュフロー合計は，再投資されたクーポンのキャッシュフローと，n年後の債券の転売価格との合計となる。ただし，その債券を満期まで保有する場合，n年後の債券価格は額面となる。また，現時点で債券を購入して投資するので，投資額は現在の債券価格そのものである。したがって，残存n年利付債に満期まで投資するなら，

　　現在の債券価格×(1＋投資収益率)^n
　　＝1年後のクーポン収入×(1＋再投資収益率)$^{n-1}$
　　＋2年後のクーポン収入×(1＋再投資収益率)$^{n-2}$
　　＋…
　　＋n年後のクーポン収入×額面100円

となる。割引債の場合は投資期間中のクーポン収入がないので，上の式でクーポンの再投資部分がないものとして考えればよい。

　数値例として，クーポンが5円（年1回利払い）の2年利付国債の現在の価格が80円だったとして，この債券に2年間投資した場合の利回りを考えてみる。初期投資の投資収益率と，クーポンの再投資収益率とが等しいと仮定し，これをrとすると，

$$80 \times (1+r)^2 = 5 \times (1+r) + 5 + 100$$

となる。1+r を x とおくと，上の式は次のように変形できる。

$$80x^2 - 5x - 105 = 0$$

2次方程式の解の公式 $ax^2 + bx + c = 0 \Rightarrow x = \dfrac{-b \pm \sqrt{b^2 - 4ac}}{2a}$ を使うと，

$$x = \frac{5 \pm \sqrt{25 + 33600}}{160} = \frac{5 \pm \sqrt{33625}}{160} = \frac{5 + 183.37}{160}, \frac{5 - 183.37}{160} = 1.173, -1.115$$

となり，ここではマイナスの値は意味をなさないので，1.173 のみを x の解として採用すると，x = 1 + r より，r = 0.173，つまり利回りは 17.3% となる。この例では解の公式が使えたが，投資期間が2期より多くなるとこの公式は使えないので，パソコンや関数電卓を使って利回りを計算する[*)]。

以上を式で表現すると，年1回利払いの債券に n 年間投資する場合，

(6-4) $\quad P = \dfrac{C}{1+r} + \dfrac{C}{(1+r)^2} + \cdots + \dfrac{C + P_n}{(1+r)^n}$

あるいは，

(6-5) $\quad P(1+r)^n = C(1+r)^{n-1} + C(1+r)^{n-2} + \cdots + C + P_n$

となる。満期まで債券を保有した場合，P_n は額面となり，このときの r が複利最終利回りである。他方，満期まで n 年超の債券に n 年投資した後に転売する場合，P_n は転売価格となり，このときの r が複利所有期間利回りである。なお，P は現在の債券価格，C は年当たりのクーポン収入である。

最終利回りおよび所有期間利回りでは，初期投資の投資収益率とクーポン再投資収益率を区別せず，投資期間を通じて年当たりの収益率を計算する。しか

[*)] 複利最終利回りや複利所有期間利回りは，初期投資額と将来キャッシュフローの割引現在価値とを等しくさせる割引率のことでもあり，これを内部収益率とよぶ。

し，再投資収益率があらかじめわかっている場合などでは，初期投資の投資収益率とクーポン再投資収益率を区別することもある。この場合，i 年後のクーポン収入の n 年後までの再投資収益率（年率）を r_i（i＝1, 2, …, n），初期投資 P の投資収益率を R と書くと，

$$(6-6) \quad P(1+R)^n = C(1+r_1)^{n-1} + C(1+r_2)^{n-2} + \cdots + C + P_n$$

となり，このときの R が**実効利回り**である。

(2) 割引債の利回り（最終利回り，所有期間利回り）

割引債の場合，投資期間中のクーポン収入がないので，(6-4) 式の C がないと考えればよい。したがって，

$$P = \frac{P_n}{(1+r)^n}$$

から，

$$r = \sqrt[n]{\frac{P_n}{P}} - 1$$

となる。また，クーポンの再投資もないので実効利回りといった概念もない。

(3) 単利利回り（最終利回り，所有期間利回り），直接利回り

投資期間中に入ったキャッシュフローを，投資期間の終わりまで現金で保有すると運用機会を放棄することと同じになるので，ファイナンスではキャッシュフローの再投資を考慮した複利で考える慣例になっているが，企業会計上の理由などから実務ではキャッシュフローの再投資機会を考慮しない場合もある。このとき用いる利回りが，**単利利回り**である。単利利回りは，年当たりのクーポン収入と年当たりのキャピタル・ゲイン（またはロス）を合わせたもので，次のように定義される。

【練習問題６－３】

(1) クーポンが２円（年１回利払い）の残存２年利付国債の現在の価格が100円だったとして，この債券に２年間投資した場合の複利最終利回りはいくらか。

$100 = \frac{2}{1+r} + \frac{102}{(1+r)^2}$ より，$100(1+r)^2 - 2(1+r) - 102 = 0$ となり，解の公式を使うと，r = 2.0%となる。

※クーポン・レートと複利利回りが等しい場合，債券価格は常に額面に等しくなる。この性質を覚えておけば，計算するまでもなく答えを求めることができる。

(2) クーポンが２円（年１回利払い）の残存４年利付国債の現在の価格が108円だった。この債券に投資し，２年後にクーポンを受け取った後，107円で転売したときの複利所有期間利回りはいくらか。

２年間保有した後，クーポンとして２円受け取った後，107円で転売するので，$108 = \frac{2}{1+r} + \frac{2+107}{(1+r)^2}$ より，$108(1+r)^2 - 2(1+r) - 109 = 0$ となり，解の公式を使うと，r = 1.4%となる。

(3) クーポンが４円（年１回利払い）の残存２年利付国債の現在の価格が100円だった。２年後から満期までのクーポン再投資収益率が年当たり10%のとき，現在この債券に投資し満期まで保有すると，複利最終利回りと実効利回りはそれぞれいくらか。

＜複利最終利回り＞

$100 = \frac{4}{1+r} + \frac{104}{(1+r)^2}$ より，$100(1+r)^2 - 4(1+r) - 104 = 0$ となり，解の公式を使うと，r = 4.0%となる。

※ (1)と同様，額面と債券価格が等しくなっていることから，計算し

なくてもクーポン・レートと最終利回りが等しいことがわかる。

＜実効利回り＞
　1年後のクーポン収入4円を再投資収益率10％で1年間運用することになるので，$100(1+R)^2 = 4(1+0.1) + 4 + 100$ より，$R = \sqrt{\frac{108.4}{100}} - 1 = 4.1\%$ となる。

$$単利利回り = \frac{年当たりクーポン収入 + \frac{額面または転売価格 - 債券価格}{投資年数}}{債券価格}$$

ここで，右辺の分子には，満期まで保有する場合は額面を，満期前に転売する場合には転売価格を用いる。前者の場合は単利最終利回り，後者の場合は単利所有期間利回りとなる。さらに，年当たりのクーポン収入だけに注目することもある。これを直接利回り（直利）とよび，次のように定義される。

$$直接利回り = \frac{年当たりクーポン収入}{債券価格}$$

3. 債券投資分析

3-1　スポット・レートとフォワード・レート

　割引債の最終利回りはスポット・レートともよばれる。フォワード・レートとは，将来のある期を起点とする一定期間の利回りのことをいい，スポット・レートから導かれる。
　以下のような，2通りの2期間の資産運用を考えてみる。

　投資戦略①　残存2年の割引債に満期まで投資する。

投資戦略②　残存1年の割引債に1年投資し，その満期時点でその時点の1年割引債にさらに1年投資する。

現時点での1年割引債の最終利回りを $_0R_1$，現時点での2年割引債の最終利回りを $_0R_2$，1年後時点に存在する1年割引債の最終利回りを $_1f_2$ とすると，現在100円投資したときの2年後の償還額は，

投資戦略①　　$100(1+{_0R_2})^2$
投資戦略②　　$100(1+{_0R_1})(1+{_1f_2})$

となる。このとき，例えばもし投資戦略①のほうが②より償還額が大きければ，現在の2年債の価格が1年債の価格に対して相対的に上昇，$_0R_2$ が $_0R_1$ に対して相対的に低下する[*)]。逆に，投資戦略②のほうが①より償還額が大きければ，$_0R_1$ が $_0R_2$ に対して相対的に低下する。結局，2つの投資戦略の2年後の償還額は等しくなっていなければならない。したがって，

$$(1+{_0R_2})^2 = (1+{_0R_1})(1+{_1f_2})$$

となり，これを解くと，

$$_1f_2 = \frac{(1+{_0R_2})^2}{1+{_0R_1}} - 1$$

となる。$_1f_2$ は，現在市場に存在していない1年後の1年割引債の最終利回りであるが，以上から，現在の1年割引債と2年割引債の価格差のなかに織り込まれていることになる。このときの，$_1f_2$ がフォワード・レートである。以下のような図で考えると，より理解しやすい。

[*)] n年割引債の最終利回りが $r = \sqrt[n]{\frac{P_n}{P}} - 1$ であったことを想起すれば，額面が一定なので債券価格Pが上昇すると，最終利回りrが低下する。

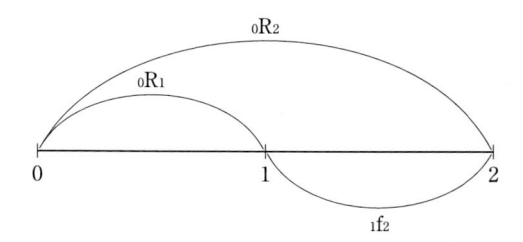

次に，以上の応用として，2年後の時点の1年割引債の最終利回り（$_2f_3$）を考えてみる。この場合，

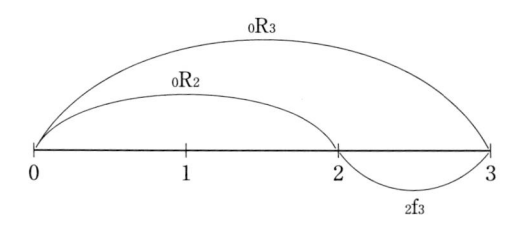

$$(1+_0R_3)^3 = (1+_0R_2)^2(1+_2f_3)$$

となるので，これを解くと，

$$_2f_3 = \frac{(1+_0R_3)^3}{(1+_0R_2)^2} - 1$$

となる。以上の例のように，各期のスポット・レートがわかればさまざまな期間のフォワード・レートを計算することができる。

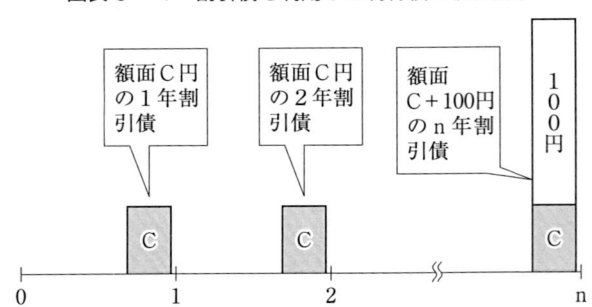

図表6-1 割引債を利用した利付債の価格評価

[図：0, 1, 2, …, n の時点で、額面C円の1年割引債、額面C円の2年割引債、額面C+100円のn年割引債、および100円のキャッシュフロー]

> スポット・レートを用いた利付債の価格評価

　n年利付債を,各期のキャッシュフローを額面とするn種類の割引債のポートフォリオとみなせば,それぞれの割引債の割引現在価値（理論価格）の合計がn年利付債の理論価格になる。つまり,(6-2)式のrに換えてスポット・レートを用いて,

$$(6-7) \quad \text{n年利付国債の理論価格} = \frac{C}{1+_0R_1} + \frac{C}{(1+_0R_2)^2} + \cdots + \frac{100+C}{(1+_0R_n)^n}$$

と書くことができる。

　各残存年数の割引債の価格から各期のスポット・レートを求めることができるので,それらスポット・レートから,クーポンと残存年数および額面がわかれば利付債の価格を求めることができる。

【練習問題６－４】

	残存期間（年）	クーポン・レート	最終利回り
国債 W	1	2%	R
国債 X	2	0%	1.5%
国債 Y	1	0%	1.0%

(1) 1年後から2年後にかけてのフォワード・レートはいくらか。

国債 X の最終利回り＝${}_0R_2$，国債 Y の最終利回り＝${}_0R_1$，$(1+{}_0R_2)^2 = (1+{}_0R_1)(1+{}_1f_2)$ より，

$${}_1f_2 = \frac{(1+{}_0R_2)^2}{1+{}_0R_1} - 1 = \frac{1.015^2}{1.01} - 1 = 2.0\%$$

(2) 国債 W の価格はいくらか。

$$P = \frac{C+P_n}{1+{}_0R_1} = \frac{2+100}{1.01} = 100.99 \text{（円）}$$

(3) 国債 X を購入し，1年後に1年物スポット・レートが0.5%のときに売却する。この投資の所有期間利回りはいくらか。

現在の国債 X の価格 $= \dfrac{100}{1.015^2} = 97.07$

1年後の国債 X の価格 $= \dfrac{100}{1.005} = 99.50$

$97.07 = \dfrac{99.50}{1+r}$ より，$r = \dfrac{99.50}{97.07} - 1 = 2.5\%$

3-2　期間構造理論

　債券の利回りと残存期間との関係を利子率の期間構造とよぶ。縦軸に利回り，横軸に残存期間をとり，両者の関係を描いたものをイールド・カーブ（利回り曲線）とよぶ。短期で資金を調達し長期で資金を運用する金融機関などにとっては，長短金利の差（利ざや）が収益に影響を与えるため，どのようなイールド・カーブに直面するかが大きな問題となる。また，残存期間の異なる複数の債券に投資する投資家にとっても，ポートフォリオを構築するうえで，直面するイールド・カーブの形状が重要な問題となる。

　右上がりのイールド・カーブを順イールド，右下がりのイールド・カーブを逆イールドとよぶが，なぜこのような形状となるかを説明する理論を利子率の期間構造理論とよぶ。代表的なものとして，純粋期待仮説，流動性プレミアム仮説，市場分断仮説がある。

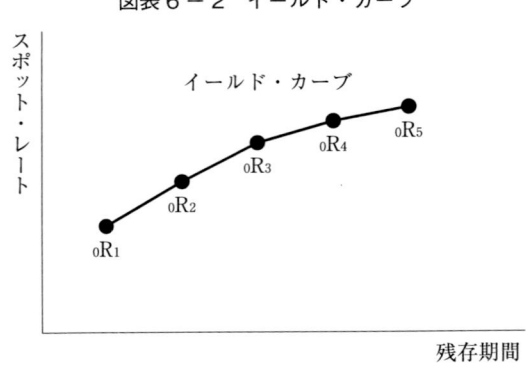

図表6-2　イールド・カーブ

純粋期待仮説

　現在のフォワード・レートは将来のスポット・レートの期待値であるという考え方で，

$$_t f_{t+i} = E(_t R_{t+i})$$

と表現できる。ここで，$_tf_{t+i}$はt期からt+i期までのi期間のフォワード・レート，$E(_tR_{t+i})$はt期からt+i期までのi期間のスポット・レート$_tR_{t+i}$の現時点における期待値を表す。

　純粋期待仮説にしたがえば$_1f_2$を$E(_1R_2)$と書くことができるので，3-1節で紹介した2通りの投資戦略の裁定式，$(1+_0R_1)(1+_1f_2)=(1+_0R_2)^2$は$(1+_0R_1)(1+E(_1R_2))=(1+_0R_2)^2$と書くこともできる。このとき，例えば，$_0R_1<_0R_2$といった具合に順イールドになっている場合，$E(_1R_2)$を$_0R_1$に交換すると，$(1+_0R_1)(1+_0R_1)<(1+_0R_2)^2$となってしまうので，$(1+_0R_1)(1+E(_1R_2))=(1+_0R_2)^2$が等号で成立するためには，$_0R_1<E(_1R_2)$でなければならない。つまり，順イールドになっているときは，現在の1年ものスポット・レートよりも，将来の1年ものスポット・レートの期待値のほうが大きくなっている。このように，純粋期待仮説の下では，将来の金利が上昇すると予想されるときにイールド・カーブが右上がりとなる。また，将来の金利が現在と変わらないと予想されるときにはイールド・カーブが水平（フラット），将来の金利が現在より低下すると予想されるときにはイールド・カーブが右下がりとなる。

　しかし経験的には，当面金利が変化しない，あるいは低下すると予想されるときにも，右上がりのイールド・カーブが観察されることが多い。このような現象を，純粋期待仮説では説明できない。

流動性プレミアム仮説

　残存期間の長い債券は，短い債券よりも償還までの間の不確実性が大きいため，投資家は期間の長い債券ほど投資収益率に対してプレミアムを要求するという考え方。この場合，長短債券の価格差に含まれるフォワード・レートは，将来のスポット・レートに対する期待値だけでなく流動性プレミアムが上乗せされたものとなり，

$$_tf_{t+i}=E(_tR_{t+i})+_tL_{t+i}$$

と書くことができる。ここで，$_tL_{t+i}$は将来のt期からt+i期までの流動性プ

図表6－3　流動性プレミアム

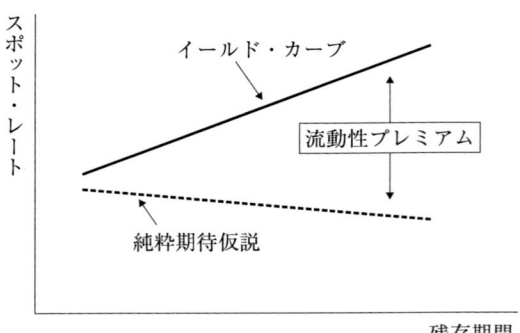

（図：スポット・レートと残存期間の関係を示すグラフ。右上がりのイールド・カーブ、右下がりの純粋期待仮説の破線、その差分が流動性プレミアム）

レミアムを表し，tが遠い将来であるほど，プレミアムが大きくなる。

　この場合，将来の金利が変化しない，あるいは低下が予想される場合であっても，残存期間が長い債券ほど流動性プレミアムが大きくなるので，イールド・カーブが右上がりとなる場合があることを説明できる。

市場分断仮説

　債券の残存期間ごとに市場参加者が異なっており，各市場の需給は他の残存期間の債券需給とは独立であるという考え方。そのため，イールド・カーブの形状は，各市場の需給を反映して決定される。

【練習問題6－5】
(1) 3年物のスポット・レートが5％，3年後から1年間のフォワード・レートが9.06％のとき，純粋期待仮説が成立しているときの4年物のスポット・レートはいくらか。

$(1+_0R_4)^4 = (1+_0R_3)^3(1+_3f_4)$ より

$_0R_4 = \sqrt[4]{(1+_0R_3)^3(1+_3f_4)} - 1 = \sqrt[4]{1.05^3 \times 1.0906} - 1 \approx 6.00\%$

(2) 設問（1）で流動性プレミアム仮説が成立し，3年後の流動性プレミアムが0.5%のとき，4年物のスポット・レートはいくらか。

流動性プレミアムをLとすると
$(1+{}_0R_4)^4 = (1+{}_0R_3)^3(1+{}_3f_4+L)$ が成立する。したがって，

$${}_0R_4 = \sqrt[4]{(1+{}_0R_3)^3(1+{}_3f_4+L)} - 1 = \sqrt[4]{1.05^3 \times (1.0906+0.005)} - 1 \approx 6.12\%$$

3-3 債券投資戦略

債券投資のリスク

債券投資において投資収益が変動するリスクとして，信用リスク，金利リスク，途中償還リスク，流動性リスクなどがある。それぞれの意味は以下の通り。

信用リスク	発行体の財政難，経営不振などにより，クーポンが支払えなくなったり，予定通りに償還を行えなくなるリスク
金利リスク	金利変動によって，債券価格が変動したり（価格変動リスク），クーポンの再投資収益が変動する（再投資リスク）リスク
途中償還リスク	抽選償還や繰り上げ償還条項などによって，満期以前に途中償還されてしまうことにより収益が変動してしまうリスク
流動性リスク	債券の流動性が失われ，債券の売却が困難になるリスク

(1) デュレーションとコンベキシティ

デュレーション

金利の変化は債券利回りに影響を与える。また，(6-4) 式で確認できるように，利回りと債券価格とは逆方向に動く。そのため債券投資家は金利リスクに常に直面している。また，利回りの水準やクーポン・レート，残存期間によって，利回りの変化幅が同じであっても債券の価格変動率が異なる。これを数値化して金利変動リスクを把握する概念が，デュレーションとコンベキシティである。

$$\frac{dp}{dr} = -\frac{1}{1+r} D \cdot P$$

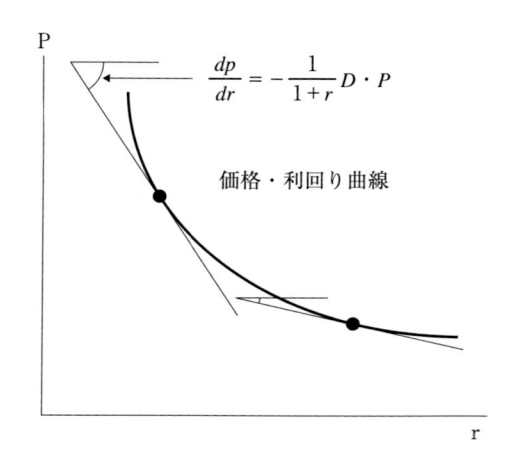

価格・利回り曲線

横軸に利回り，縦軸に債券価格をとると，(6-4) 式から，右下がりかつ原点に対して凸状の形状をした価格・利回り曲線を描くことができる。この曲線上の任意の点での接線の傾きは，

$$\frac{dP}{dr} = -\frac{1}{1+r} \left\{ \sum_{k=1}^{i} \frac{kC}{(1+r)^k} + \frac{iFV}{(1+r)^i} \right\}$$

である。ここで，

$$D \equiv \frac{\sum_{k=1}^{i} \frac{kC}{(1+r)^k} + \frac{iFV}{(1+r)^i}}{P}$$

とおき，D をマコーレのデュレーションとよぶ。また，

$$D_{\text{mod}} \equiv \frac{1}{1+r} D$$

としたとき，D_{mod} を修正デュレーションとよぶ。これらを使って接線の傾きを表現すると，

$$(6-8) \quad \frac{dP}{dr} = -\frac{1}{1+r} D \cdot P = -D_{\mathrm{mod}} \cdot P$$

となる。修正デュレーションにマイナスの符号をつけ債券価格Pをかけたものは，価格・利回り曲線の接線の傾きであるから，利回りrが変化したときの債券価格Pの動きを直線で近似していることになる。また，利回りの水準が異なると，価格・利回り曲線の接線の傾きおよび修正デュレーションの値が異なる。

利回りの変化幅を Δr とし，そのときの債券価格の変化幅を ΔP とすると，

$$(6-9) \quad \Delta P = -\frac{1}{1+r} D \cdot P \cdot \Delta r = -D_{\mathrm{mod}} \cdot P \cdot \Delta r$$

または，

$$(6-10) \quad \frac{\Delta P}{P} = -\frac{1}{1+r} D \cdot \Delta r = -D_{\mathrm{mod}} \cdot \Delta r$$

と書くことができる。これらの式から，デュレーションの大きさが異なると，利回りの変化幅 Δr が同じであっても，債券価格の変化幅および変化率が異なることがわかる。(6-9) 式において，Δr を1%としたときの ΔP を特に**金額デュレーション**（またはダラー・デュレーション）とよぶ。

$$(6-11) \quad 金額デュレーション = -\frac{1}{1+r} D \cdot P \cdot 1\% = -D_{\mathrm{mod}} \cdot P \cdot 1\%$$

デュレーションの性質

デュレーションには，(6-10) 式ですでにみたように価格変動性を表すという性質と，**投資資金の平均回収期間を表す**という性質がある。例えば，2年利付債を考えてみる。現時点での投資資金P円に対して，年1回利払いとすると，現在価値で1年後に $C/(1+r)$ 円，2年後に $(C+100)/(1+r)^2$ 円という資金

が回収される。数値例として，C＝5円，r＝5％とし，これらを投資資金P（クーポン・レートと利回りが等しいのでこの場合100円となる）で割ったものを加重ウエイトとして，資金が回収される時期の平均値を求めると，

$$D = \frac{C/(1+r)}{P} \times 1 + \frac{(C+100)/(1+r)^2}{P} \times 2 = \frac{5/1.05}{100} + \frac{105/1.05^2}{100} \times 2 \approx 1.95$$

となる。つまり，100円をこの債券に投じると，投資資金が回収される時期の平均が1.95年である。他方，2年割引債の場合，

$$D = \frac{100/(1+r)^2}{P} \times 2 = \frac{100/(1+r)^2}{100/(1+r)^2} \times 2 = 2.0$$

となる。当然であるが，割引債は償還時にのみ投資資金が回収されるので，その平均回収期間は残存期間と同じ長さになる。

この例のように，償還前にクーポンとして投資資金の一部が早期回収される利付債のほうが，割引債より平均回収期間が短くなる。また，資金回収が早い時期から始まる債券のほうが，金利変化による割引現在価値の変動が小さくなるため，価格変動リスクが小さい。

デュレーションの長短を図で表現すると次のようになる。

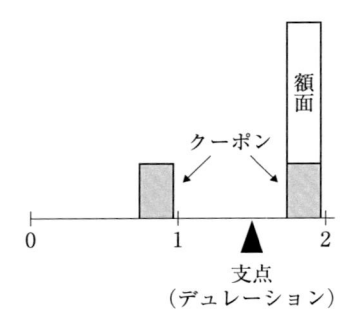

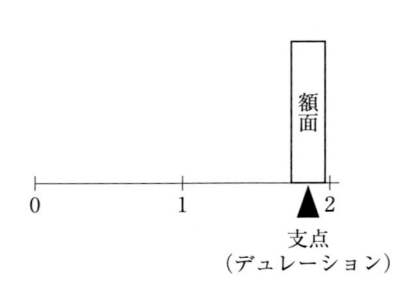

この図にあるように，デュレーションはクーポンと額面を支える支点に相当し，クーポンが大きくなるほど支点が左へ移動し（デュレーションが短くなる），債券の残存期間が長くなるほど支点が右へ移動する（デュレーションが長くなる）。

デュレーションの問題点

デュレーションを使った価格・利回り曲線の接線の傾きの式（6-8）は，利回りの微少変化に対する債券価格変化の直線的な近似である。そのため，利回りの変動が大きいほど，デュレーションによって計算される価格変化と実際の価格変化との誤差が大きくなる。

さらに，デュレーションの定義式は債券価格を表す（6-2）式と同様，期間を通じて利回りを一定としている。このことは，デュレーションは，イールド・カーブがフラットであることを前提としていることになる。しかもフラットなイールド・カーブが1回のみ平行移動することを想定している。しかし，金利変化は何度でも起こりうるうえ，現実のイールド・カーブがフラットである保証はなく，長短金利が逆方向へ変化する場合や，長短金利と中期金利が逆方向へ変化する場合もあり，こうした状況にはデュレーションの概念では対応できない。

コンベキシティ

先にみたとおり価格・利回り曲線は原点に対して凸状の曲線として描かれるが，デュレーションはこれを直線で近似しているため，大きな利回り変化に対して誤差が大きくなる欠点がある。このギャップを埋めるのが，コンベキシティである。コンベキシティは凸状の形状をしている価格・利回り曲線の曲率を表す概念で，次のように定義される。

$$CV \equiv \frac{\sum_{k=1}^{i} \frac{k(k+1)C}{(1+r)^k} + \frac{i(i+1)FV}{(1+r)^i}}{P}$$

コンベキシティとデュレーションを用いて利回り変化による債券価格の変化を近似すると，

(6-12) $\quad \Delta P \approx -D_{\text{mod}} \cdot P \cdot \Delta r + \frac{1}{2} \frac{CV}{(1+r)^2} \cdot P \cdot (\Delta r)^2$

または，

(6-13) $\quad \frac{\Delta P}{P} \approx -D_{\text{mod}} \Delta r + \frac{1}{2} \frac{CV}{(1+r)^2} \cdot (\Delta r)^2$

となり，デュレーションのみを使った場合よりもより正確に近似できる。

　数値例として，残存期間5年，クーポン・レート6％（年1回利払い），額面100円の債券において，最終利回りが5％から10％へ変化したとき，債券価格は104.4円から84.8円へと19.6円値下がりする。これをデュレーションのみを使った近似式（6-9）で計算すると22.2円の値下がりとなり，近似の誤差が生じる。他方，デュレーションとコンベキシティを使った近似式（6-13）を用いると，この利回り変化による債券価格の変化額は19.2円の値下がりとなり，近似の誤差がより小さくなる。

　(6-12)式が示すように，D_{mod} が一定なら，同じ金利変化幅に対しコンベキシティの大きな債券のほうが，

　① 金利が上がるときの価格低下の度合いが小さい。

　② 金利が下がるときの価格上昇の度合いが大きい。

　したがって，コンベキシティが大きい債券ほど，金利変化による債券価格の変化が有利となる。

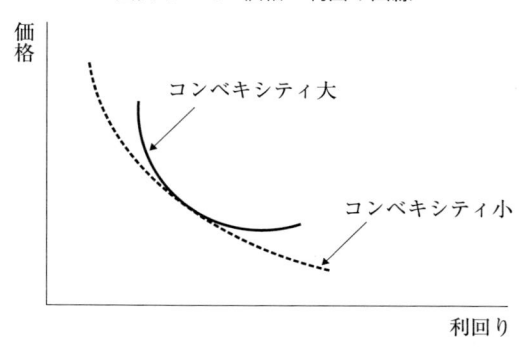

図表6-4　価格・利回り曲線

(2) イミュニゼーション運用

　デュレーションを利用した代表的な債券投資戦略として，イミュニゼーション戦略がある。これは，投資期間を，単一債券または債券ポートフォリオのデュレーションに一致させることで，金利変動に対して価格変動の免疫化（immunize）を図る戦略である。

　(6-6)式でみたように，債券の投資収益率はクーポンの再投資レートと債券価格の動向によって決まる。また，金利が上昇すると，債券価格が下落する一方でクーポンの再投資レートが上昇する。つまり，金利変化が投資収益率を上昇させるか低下させるかは，価格変動の影響と再投資レートの変動の影響との相対的な大きさによって決まり，価格変動の影響のほうが大きい場合には金利上昇は投資収益率を低下させる。逆に，再投資レートの変動の影響のほうが大きい場合には金利上昇は投資収益率を上昇させる。

　もし価格変動の影響と再投資レートの変動の影響がちょうど相殺するようにできれば，金利変動による投資収益率の変動を一定に保つことができる。具体的には，投資期間がデュレーションに等しいとき，このような状況となる[*]。したがって，イミュニゼーション運用の基本原理は，投資家が投資しようとし

---

[*] 投資額の将来価値を金利で微分すると，投資期間がマコーレのデュレーションと等しいとき，金利変化に対して投資額の将来価値が不変となる。

ている期間に等しいデュレーションとなるように，債券銘柄を選択，あるいは債券ポートフォリオを構築することである[*]。

　図表6-5は，金利が10％のとき債券を購入，再投資レートが投資期間中1回だけ変化するものとして，デュレーションが4.17年の債券に5年間投資した場合の実効利回りと，4.17年投資した場合（イミュニゼーション運用）の実効利回りを例示したものである。図からわかるように，再投資レートの変化がこの範囲内のときは，イミュニゼーション運用すると実効利回りが一定となることがわかる。

　ただし，再投資レートの変化幅が大きい場合には，イミュニゼーション運用下でも実効利回りが一定とならない場合がある。また，金利の変化後はデュレーションの値が変わってしまうため，残った投資期間とデュレーションとが等しくなるように，債券ポートフォリオ内の銘柄入れ替え（リバランス）が必要となる。イミュニゼーション運用のこうした問題点は，先に紹介したデュレーションの問題点に起因する。

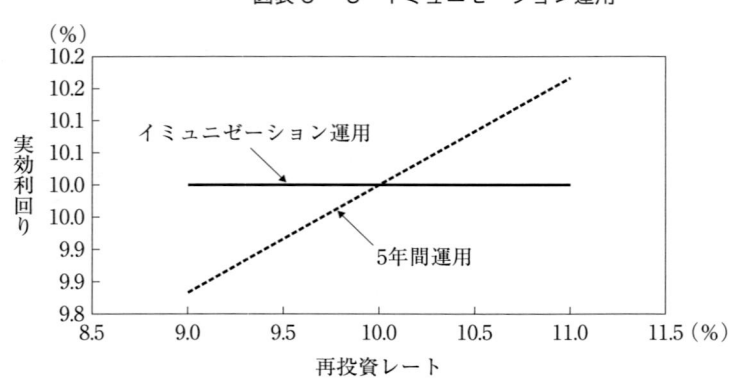

図表6-5　イミュニゼーション運用

[*]　債券ポートフォリオのデュレーションは，各債券の組入れ比率を各組入れ債券のデュレーションにかけたものの合計，つまり加重平均となる。デュレーションに限らず，ベータ，コンベキシティなども，各組入れ証券の組入れ比率をウエイトとする加重平均がポートフォリオ全体の値となる。

【練習問題6-6】

	残存(年)	クーポン(円, 年1回利払い)	価格(円)
国債X	4	0	68.30
国債Y	2	10	100.00

(1) 国債Xと国債Yのデータが表のように与えられているとき，2つの債券のデュレーションはいくらか。

国債X：割引債なので，デュレーションは残存期間に等しい。したがって，D＝4（年）

国債Y：価格が額面100円と等しいことから，最終利回りはクーポン・レートと同じ10％であることがわかる。したがって，

$$D = \frac{\frac{10}{1.1} \times 1 + \frac{110}{1.1^2} \times 2}{100} = 1.91 \text{（年）}$$

(2) 債券購入直後，金利が11％になったとすると，どちらの債券の価格変化が大きいか。

デュレーションの長い，国債Xの価格変化のほうが大きい。実際に計算してみると，ここでは金利が10％から11％に上昇しているので，

国債X：$\frac{100}{1.11^4} = 65.87$　　$65.87 - 68.3 = -2.43$　　2.43円の価格下落

国債Y：$\frac{10}{1.11} + \frac{110}{1.11^2} = 98.29$　　$98.29 - 100 = -1.71$　　1.71円の価格下落

(3) 国債Xと国債Yを使って，100億円を3年間運用したい。ただし，金利の変化によって，投資収益率（利回り）が変化しないよう，イミュニゼーション運用を行うこととした。国債Xと国債Yをそれぞれいくら購入したらよいか。なお，現在の金利は10%である。

債券ポートフォリオのデュレーションが運用期間と同じ3年になるように，それぞれの債券の組入れ比率をまず考える。債券ポートフォリオのデュレーションは，それぞれの債券のデュレーションに組入れ比率をかけた加重平均であるから，国債Xの組入れ比率をxとすると，
$3 = 4x + 1.91(1-x)$ より，$x = 52.17\%$ となる。したがって，国債Xの組入れ比率は52.17%，国債Yの組入れ比率は $100\% - 52.17\% = 47.83\%$ となる。

投資額が100億円なので，時価では国債Xを $100 \times 52.17\% = 52.17$ 億円，国債Yを $100 \times 47.83\% = 47.83$ 億円だけ購入すればよい。

国債Xを時価で52.17億円分購入する場合，この債券の価格は現在68.3円なので，額面ベース（債券では数量を額面単位で表す）では，52.17億円（時価）÷68.3円（時価）×100円（額面）=76.39億円（額面）だけ購入する。同様に，国債Yは47.83億円（時価）÷100円（時価）×100円（額面）=47.83億円（額面）だけ購入する。

<参考>
このように国債XとYを組入れた債券ポートフォリオを3年間運用したとき，金利が変化しても実効利回りが実際に安定するか確認してみよう。

2年後に償還される国債Yからは1年後に額面100円につき10円，2年後に額面100円につき110円のキャッシュフローが入るので，額面47.83億円分の国債Yからは，1年後に4億7,830万円（=47.83億円（額面）÷100円（額面）×10円），2年後に52億6,130万円（=47.83億円（額面）÷

100円（額面）×110円）のキャッシュフローが入り，これをそのときの金利で3年後まで再投資することになる。

他方，国債Xは割引債なので運用期間中のクーポン収入はないが，3年後に売却することになる。売却価格はそのときの金利で決まる。例えば，3年後の金利が9%であれば，3年後の国債Xは残存1年なので，額面100円当たりの売却価格は100円÷（1+9%）=91.74円となる。いま，国債Xを額面で76.39億円分保有しているので。この売却額は91.74円×（76.39億円（額面）÷100円（額面））=70.08億円となる。

ポートフォリオの3年後の時価は，国債Yの再投資後のキャッシュフロー合計+国債Xの売却額なのでこれを計算し，初期投資額100億円に対する3年間の実効利回りを計算すると，以下の表のようになる。

年後	1	2	3
キャッシュフロー（億円）	4.78	52.61	0

金利	キャッシュフローの再投資後の金額（3年後）		再投資後のキャッシュフロー合計（億円，左の合計）	国債Xの売却額（億円）	キャッシュフロー合計+売却額	実効利回り
9.0%	5.68	57.34	63.03	70.08	133.11	10.00%
9.2%	5.70	57.45	63.15	69.95	133.10	10.00%
9.4%	5.72	57.55	63.28	69.82	133.10	10.00%
9.6%	5.74	57.66	63.40	69.70	133.10	10.00%
9.8%	5.77	57.76	63.53	69.57	133.10	10.00%
10.0%	5.79	57.87	63.66	69.44	133.10	10.00%
10.2%	5.81	57.97	63.78	69.32	133.10	10.00%
10.4%	5.83	58.08	63.91	69.19	133.10	10.00%
10.6%	5.85	58.19	64.04	69.07	133.10	10.00%
10.8%	5.87	58.29	64.16	68.94	133.10	10.00%
11.0%	5.89	58.40	64.29	68.82	133.11	10.00%

ここでは，債券購入直後に，金利が表のように1回だけ変化し，3年後までその金利水準が続くと仮定した場合の実効利回りをみている。表にある通り，1回限りの金利変化でかつ金利の変化がそれほど大きくない場合，実効利回りは常に10％になることがわかる。ただし金利変化後にデュレーションの値が変化するため，さらなる金利変化に対応するには，金利変化後のポートフォリオのデュレーションが残りの投資期間に一致するよう，組入れ債券のリバランスを行う必要がある。

第 7 章
株式の理論

　債券とは違って，株式投資では投資期間中に得られるキャッシュフローを予測することが難しい。そのため，債券とは分析手法も異なってくる。この章では，債券との違いを念頭におきつつ，株式についての理論的な側面を紹介する。

1. 株式の理論価格

　債券は債務不履行が無い限り，あらかじめ決められた約束に従ってクーポンと額面が支払われるため，投資家からみた場合，債券投資のリスクは株式に比べ小さい。他方，株式は元本の返済が無いうえ，配当が企業業績に応じて変動するため，投資家からみた場合，株式投資のリスクは債券に比べ大きい。
　債券の場合，将来のキャッシュフローを現在価値に換算する際，割引率として「1＋金利」を用いた。その理由は，国債保有から得られるキャッシュフローにはクーポンと額面の受け取りについてリスクが無いため，どの時点をとっても，元利払いが保証された安全資産と国債の価値が等しいと考えることができたためである。つまり，国債は安全資産の代替投資対象と考えることができた。
　他方，株式投資から得られるキャッシュフローにはリスクがあるので，株式を安全資産の代替投資対象と考えることはできない。もし同じ投資収益率になるのであれば，投資家はリスクのある株式投資よりも，リスクの無い預金や国債を選好するはずである。投資家にとって，お金を預金や国債で運用しても，株式投資で運用しても，どちらでも良いと思えるためには，株式投資の期待投資収益率は預金や国債の期待投資収益率（＝金利）よりも高くなっていなければならない。つまり，投資家は，株式投資に対して「金利＋割り増し収益率」

を投資収益率として要求する。

この割り増し収益のことをリスクプレミアムとよび,「金利＋リスクプレミアム」を投資家の要求投資収益率とよぶ。投資対象から得られるキャッシュフローのリスクが大きくなるほど,リスクプレミアムが大きくなり,その結果,要求投資収益率も大きくなる。したがって,株式投資から得られる将来キャッシュフローを現在価値に換算する際には,将来キャッシュフローを「1＋金利」ではなく,「1＋要求投資収益率」で割り引く必要がある。

もう1つ,株式の現在の理論価格を考える際の注意点として,債券と違い,株式には満期の定めがない。株式の発行企業は,いつかは破綻するかもしれないが,現時点でいつ破綻するか予想できない場合,その企業は永久に存続すると仮定する。つまり,株式の発行企業は,将来にわたって業績に応じて永久に配当を支払い続けると考える。

定額配当割引モデル

遠い将来の配当は現時点では正確には予想できないので,計算の工夫のためのさまざまな仮定がおかれる。最も単純な仮定は,同額の配当が将来にわたって永久に支払われる,というものである。

同額の配当が将来にわたって永久に支払われると仮定した場合の,株式の現在の理論価格は,株価をP,毎期の配当をD,要求投資収益率をkとすると,

$$P = \frac{D}{1+k} + \frac{D}{(1+k)^2} + \cdots + \frac{D}{(1+k)^\infty}$$

となる[*]。式がこの形のままでは計算できないので,この式の両辺に $\frac{1}{1+k}$ をかけると,

---

[*] 今期中に支払われる配当は,株価の計算では通常考慮しない。今期中の配当を含める場合,今期の配当分だけ株価が高くなり,これを配当権利落ち前の株価とよぶが,慣例として株価は権利落ち後で考える。債券の場合も同様で,今期中に支払われるクーポンは債券価格の計算では考慮しない。

$$\frac{1}{1+k}P = \frac{D}{(1+k)^2} + \frac{D}{(1+k)^3} + \cdots + \frac{D}{(1+k)^\infty}$$

となる．最初の式の左辺から2番目の式の左辺を引き算し，最初の式の右辺から2番目の式の右辺を引き算すると，

$$\left(1 - \frac{1}{1+k}\right)P = \frac{D}{1+k}$$

となり，式を整理すると，

(7-1) $\quad P = \dfrac{D}{k}$

となる．この式を**定額配当割引モデル（定額DDM），あるいはゼロ成長DDM**とよぶ．

定率成長配当割引モデル

　配当が毎期定額という前提に換えて，配当が毎期定率 g で成長するという前提をおくと，1年後の配当を D_1 とすれば，

$$P = \frac{D_1}{1+k} + \frac{D_1(1+g)}{(1+k)^2} + \frac{D_1(1+g)^2}{(1+k)^3} + \cdots$$

となる．この式の両辺に $\dfrac{1+g}{1+k}$ をかけると，

$$\frac{1+g}{1+k}P = \frac{D_1(1+g)}{(1+k)^2} + \frac{D_1(1+g)^2}{(1+k)^3} + \frac{D_1(1+g)^3}{(1+k)^4} + \cdots$$

となる．最初の式の左辺から2番目の式の左辺を引き算し，最初の式の右辺から2番目の式の右辺を引き算すると，

$$\left(1-\frac{1+g}{1+k}\right)P=\frac{D_1}{1+k}$$

となり，式を整理すると，

(7-2) $\quad P=\dfrac{D_1}{k-g}$

となる[*)]。この式を定率成長配当割引モデル（定率成長 DDM）とよぶ。ただし，配当成長率 g は投資家の要求投資収益率 k より小さくなければならない。もし g が k より大きい場合があるとしても，その状態は永続せず，企業が成熟するとともにいずれ配当成長率が低下，要求投資収益率を下回っていくと考えるのが自然であろう。配当成長率が時間の経過とともに変化していくと仮定する理論モデルとして，次に紹介する多段階成長配当割引モデルがある。

【練習問題 7－1】

(1) 金利が 1％，リスクプレミアムが 5％のとき，毎期平均的に 60 円の配当が支払われる企業の株価はいくらか。

$$\frac{60}{0.06}=1{,}000 \text{（円）}$$

(2) 金利が 1％，リスクプレミアムが 5％のとき，今期末の予想配当が 60 円，その後年率 2％で配当が成長する企業の株価はいくらか。

$$\frac{60}{0.06-0.02}=1{,}500 \text{（円）}$$

[*)] $P=\dfrac{D_0(1+g)}{k-g}$ としてもよい。

二段階成長配当割引モデル

　配当成長率が変化すると仮定するものを多段階成長 DDM とよぶが，このなかで最も単純なものとして，配当成長率が1回のみ変化すると仮定する二段階成長 DDM がある。

　配当が z 年後まで g で成長するが，z+1 年後から永久に h で成長するとしよう。この場合，1 年後から z 年後までの配当の割引現在価値合計と，z+1 年以降の配当割引現在価値合計とに分けて考える。1 年後の配当を D_1 とすると，それが g の率で成長していくので z 年後の配当は $D_1(1+g)^{z-1}$ となる。すると，配当成長率が変化した z+1 年後の配当は $D_1(1+g)^{z-1}(1+h)$ であり，これが以後 h で成長し続けるので，z 年後時点での株価を P_z とすると，

$$P_z = \frac{D_1(1+g)^{z-1}(1+h)}{k-h}$$

となる。これを現在の価値に割り引くと，

$$\frac{P_z}{(1+k)^z} = \frac{D_1(1+g)^{z-1}(1+h)}{(1+k)^z(k-h)}$$

となる。これに，1 年後から z 年後までの配当の割引現在価値合計を加えると，

(7-3) $$P = \frac{D_1}{1+k} + \frac{D_1(1+g)}{(1+k)^2} + \cdots + \frac{D_1(1+g)^{z-1}}{(1+k)^z} + \frac{D_1(1+g)^{z-1}(1+h)}{(1+k)^z(k-h)}$$

となる[*]。このモデルは，定率成長 DDM と違い，k>g という前提は必要ないものの，k>h という前提が必要である。つまり，近い将来においては成長段階にある企業の配当成長率が要求投資収益率を上回ることがあったとしても，遠い将来においては企業の成長が鈍化し，配当成長率が要求投資収益率を下回ると，このモデルは仮定している。

---

[*] $P = \dfrac{D_0(1+g)}{1+k} + \dfrac{D_0(1+g)^2}{(1+k)^2} + \cdots + \dfrac{D_0(1+g)^z}{(1+k)^z} + \dfrac{D_0(1+g)^z(1+h)}{(1+k)^z(k-h)}$ としてもよい。

配当成長率

g ●————————
h   ○————————

　　　　　z年後　z+1年後

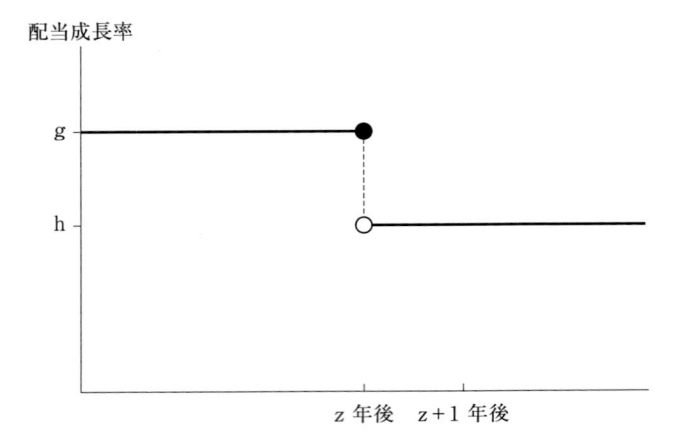

【練習問題7－2】

　ある新興企業の今期末（1年後）の予想配当が10円である。配当成長率は3年後まで年率15％と見込めるがその後伸びが鈍化し，4年後以降5％となりこれが続くと予想されている。この企業の株式に対する投資家の要求投資収益率が10％のとき，この企業の株価はいくらになるか。

　1年後の配当が10円なので，2年後の配当は $10 \times 1.15 = 11.50$ 円である。同様に，3年後の配当は $10 \times 1.15^2 = 13.23$ 円，4年後の配当は $(10 \times 1.15^2) \times 1.05 = 13.89$ 円となる。したがって，3年後の時点での株価は，

$$\frac{13.89}{0.1-0.05} = 277.8（円）$$

となる。以上から求める株価は，

$$\frac{10}{1.1} + \frac{11.5}{1.1^2} + \frac{13.23}{1.1^3} + \frac{277.8}{1.1^3} = 237.25（円）$$ である。

2. 株式の投資収益率

債券のクーポン収入に相当する投資期間中のキャッシュフローは，株式では配当収入となる。

債券の場合，投資期間中のクーポン収入の金額があらかじめわかっているのでキャッシュフローの再投資を考慮するが，株式では配当収入の金額や再投資収益率があらかじめわかっていない。また，債券では額面金額もあらかじめわかっているが，株式には満期がない。そこで，株式の場合，事前ベースでは結果が不確定な複数年にわたる投資収益率は考えず，1年間のみで投資収益率を考える場合が多い[*]。したがって，株式の投資収益率は，

$$(7-4) \quad R = \frac{D_1 + (P_1 - P_0)}{P_0} = \frac{D_1 + P_1}{P_0} - 1$$

となる。ここで，Rは株式の投資収益率，D_1は来期の（予想）配当，P_0は現在の株価，P_1は1年後の（予想）株価である。

例えば，株価1,000円の株式に1年間投資し，売却したとする。1年後に50円の配当があり，配当受取後の売却価格が1,050円だったとすると，

$$R = \frac{50 + 1,050}{1,000} - 1 = 10\%$$

となる。

3. サスティナブル成長率とその応用

以下の前提の下で，増資を行わず利益の内部留保だけで達成できる企業の自己資本成長率を，サスティナブル成長率（内部成長率）とよぶ。

---

[*] 事後的に，複数年にわたる運用成果から投資収益率を計算することはもちろん可能である。

＜前　提＞
① **ROE**（自己資本利益率）が一定。
② **配当性向**（配当÷当期純利益）が一定。
③ 増資を行わず，自己資本の増加はすべて内部留保による。

当期に稼ぎ出した利益のうち，毎期一定の配当性向分だけ配当に回し，残りを内部留保すると，「期末自己資本＝期首自己資本＋(1−d)×当期純利益」となる。この場合の自己資本の成長率がサスティナブル成長率である。ここで，dは配当性向（配当÷当期純利益，Dividend Payout Rate, DPR），1−dは留保率（内部留保÷当期純利益）である[*]。ROEを「当期純利益÷期首自己資本」とすると，

$$\text{サスティナブル成長率} = \frac{\text{期末自己資本} - \text{期首自己資本}}{\text{期首自己資本}}$$

$$= \frac{\text{期首自己資本} + (1-d) \times \text{当期純利益} - \text{期首自己資本}}{\text{期首自己資本}}$$

$$= \frac{(1-d) \times \text{当期純利益}}{\text{期首自己資本}} = (1-d) \times \text{ROE}$$

と書くことができる[**]。

定率成長DDMでは，配当が定率で成長すると考えたが，配当性向が一定で

---

[*]「1−配当性向＝留保率」であり，留保率をcで表せば，「1−c＝d」の関係にある。
[**] ROAを総資産利益率，iを負債利子率，Lを負債，Eを自己資本，tを法人税率とすると，

$$ROE = \left\{ ROA + (ROA - i) \times \frac{L}{E} \right\} \times (1-t)$$

という関係が成り立つ（証明略）。この式からわかるようにROEを一定に保つには，内部留保に伴う自己資本Eの増加にみあった分だけ負債Lを増加させL/Eの比率を一定に保つ必要がある。したがって，サスティナブル成長率についての前提として，前出①から③に加え，④内部留保による自己資本の増加にみあった分だけ外部から負債による資金調達を行い，負債比率（負債÷総資産）を一定に保つ，という前提も厳密には必要である。

ある場合には，配当の成長率は企業の利益成長率に一致する。そして配当性向が一定ということは，利益のうち内部留保に回す比率（留保率）も一定になる。

企業の当期純利益を X，留保率を c，企業の投資収益率を r とすると，企業は当期純利益のうち cX を内部留保しそれを再投資することで，rcX の利益が毎期追加的に生み出される。配当性向は (1−c) で一定であるから，配当の成長率 g は，

$$g = \frac{(1-c)(X+rcX)-(1-c)X}{(1-c)X} = cr$$

と表すことができる。ここで，r は内部留保から得られる利益率であり，自己資本利益率（ROE）と考えることもできる。したがって，配当成長率 g が一定ということは，配当性向安定と ROE の維持が図られていることを意味する。

サスティナブル成長率も，配当性向一定，ROE 維持といった前提の下での自己資本成長率のことであった。したがって，これらの前提（①ROE が一定，②配当性向が一定，③内部留保のみによって自己資本が増加（増資を行わない））の下では，

　　cr＝配当成長率＝利益成長率＝サスティナブル成長率

となる。

また，今期の株価を P，来期の株価を P_1 とし，定率成長 DDM が成立するとすれば，(7−2) 式から，

$$P_1 = \frac{D_1(1+g)}{k-g} = P(1+g)$$

と書くことができる。したがって，株価は g の率で上昇し，また g＝cr であるから，サスティナブル成長率は株価の上昇率にも一致する。

内部留保率と株価

$D_1 = (1-c)X_1$ と $g = cr$ を，(7-2) 式 $P = \dfrac{D_1}{k-g}$ に代入すると，

(7-5) $\quad P = \dfrac{(1-c)X_1}{k-cr}$

となる。ここで，X_1 は来期の1株当たり当期純利益である。なお，定義により $c<1$ である。この式から明らかなように $k>cr$ なら，r が大きいほど株価は高くなる。

留保率 c の株価 P に及ぼす影響をみるため，この式に数値例をおいて考えてみる。

<ケース1>

$(k<r)$　$c=50\%$，$k=10\%$，$r=15\%$，$X_1=100$ 円であったとすると，株価 P は 2,000 円。

<ケース2>

$(k<r)$　$c=60\%$，$k=10\%$，$r=15\%$，$X_1=100$ 円であったとすると，株価 P は 4,000 円。

<ケース3>

$(k>r)$　$c=50\%$，$k=15\%$，$r=10\%$，$X_1=100$ 円であったとすると，株価 P は 500 円。

<ケース4>

$(k>r)$　$c=60\%$，$k=15\%$，$r=10\%$，$X_1=100$ 円であったとすると，株価 P は 444 円。

ケース1，ケース2から，$k<r$ のときは，c を上昇させると株価が上昇する

ことがわかる。他方，ケース 3，ケース 4 から，k＞r のときは，c を上昇させると株価が下落することがわかる。したがって，留保率の上昇（配当性向の引き下げ）が株価上昇に寄与するかどうかは，投資家の要求投資収益率 k と企業の収益率 r との大小関係によって決まる[*]。つまり，r＜k となるような状況では，投資家の要求収益を払うに足る投資機会がないため，企業は設備投資を抑制すべきということになる。その意味で，k は許容される最小限の r を規定しており，**資本コスト**（cost of capital）ともよばれる。

成長機会の現在価値

増資を行わない企業が利益の全額を配当に回した場合，内部留保による利益の成長機会を失う。一方，その企業が利益の一部を内部留保として投資にあてたときには，将来利益の成長機会が得られる。**成長機会の現在価値**（Present Value of Growth Opportunities, **PVGO**）とは，企業が利益の一部を内部留保として投資にあてたときに得られる，株式価値の増加分のことをいう。

増資を行わない，ROE が一定，かつ利益の全額を配当に回す企業では利益の成長機会が得られないため，毎期，一定の純利益＝配当となるので，その株価は定額 DDM によって表すことができる。一方，利益の一部を定率で配当に回す企業の利益および配当は定率で成長していくので，株価は定率成長 DDM によって表すことができる。PVGO はこれら両者の株価の差にほかならない。すなわち，(7-1) 式および (7-5) 式から，

$$PVGO = \frac{(1-c)X_1}{k-cr} - \frac{X_1}{k} = \frac{c(r-k)X_1}{k(k-cr)}$$

となる。PVGO と定額 DDM を用いると，定率成長 DDM は次式のように書くこともできる。

---

[*] $P = \dfrac{(1-c)X_1}{k-cr}$ を c で微分すれば，$\dfrac{dP}{dc} = \dfrac{r-k}{(k-cr)^2} X_1$ となり，dP/dc の符号が (r − k) の符号に依存することから，以上と同じ結論を得られる。

$$P = \frac{D}{k} + PVGO = \frac{X_1}{k} + \frac{c(r-k)X_1}{k(k-cr)}$$

　PVGO＞0，あるいは定率成長 DDM に基づく株価＞定額 DDM に基づく株価となるためには，ここでも r＞k，すなわち ROE が投資家の要求投資収益率より大きくなっていることが必要な条件となる。

【練習問題 7 − 3】

　マーケット・モデルを想定して A 社の株価について回帰分析を行ったところ，表 1 のような結果が得られた。また，A 社の経営状況は表 2 のように要約され，08 年度の 1 株当たり配当は 40 円であった。なお，向こう 1 年間の市場収益率の期待値は 5％，安全資産の投資収益率は 0.5％であると想定されている。

表 1　A 社のマーケット・モデルの推計結果

$R_A = 0.022 + 1.100 R_m$
R^2（決定係数）＝ 0.38

R_A：A 社株の収益率　　R_m：市場収益率

表 2　A 社の経営状態

	07 年度	08 年度
当期純利益（億円）	250	350
1 株当たり当期純利益（円）	125	175
総資産（億円）	5,500	5,830
純資産（億円）	5,000	5,300

(1) 資本資産評価モデル（CAPM）とベータ値を使うと，投資家が要求する株式投資収益率はいくらか。

CAPMのベータは，マーケット・モデルの回帰式での市場収益率にかかるパラメータ推計値に一致する。表1の結果を用いると，A社のベータは1.100である。またCAPMにおける個別証券の期待収益率は$E(R_i) = R_f + \beta_i [E(R_m) - R_f]$で与えられるから，A社株の期待収益率は$E(R_A) = 0.5 + 1.100 [5 - 0.5] = 5.45$（％）と計算される。

(2) 08年度の利益額が将来も不変であると仮定すると，その利益を全額配当し続けると想定したときのA社の株式価値はいくらか。

利益を全額配当に回すなら，08年度の1株当たり配当（DPS）は175円となる。将来にわたってDPSが不変なら定額配当割引モデルP＝D/kが適用でき，投資家の要求収益率には(1)で求めた結果である5.45％を用いると，P＝175/0.0545＝3,211円となる。

(3) 08年度の利益率および配当政策を前提とすると，A社のサスティナブル成長率はいくらか。

サスティナブル成長率＝留保率×ROEである。サスティナブル成長率で用いるROEは期首株主資本であるから，その計算にあたっては，当期の利益を前年度末の純資産（＝当期首の純資産）で除して求める。したがって，08年度のROEは当期の利益を前年度の純資産で割り，350/5,000＝7.00（％）となる。08年度の配当政策はEPS 175円に対してDPS 40円であるから，配当性向＝40/175＝0.229，したがって留保率＝1－0.229＝0.771である。以上から，サスティナブル成長率＝0.771×0.07＝5.4（％）となる。

(4) (1)と(3)で求めた投資家の要求する投資収益率とサスティナブル成長率を前提として，定率成長配当割引モデルを使って算出したA社

の株式価値はいくらか。

定率成長 DDM にしたがえば，$P = \dfrac{40 \times (1 + 0.0540)}{0.0545 - 0.0540} = 84,320$ （円）となる。

4. 株式の三大投資尺度

債券と異なり，株式はその保有から得られるキャッシュフローの予測が難しいため，妥当な価格水準の計算も容易でない。そのため，株価の妥当水準を探るための指標として，配当利回り，PER，PBR が広く利用されている。これらは三大投資尺度とよばれている。わが国では，1950 年代まで配当利回りが投資尺度として最も重視されてきたが，それ以降の「利回り革命」とよばれる配当利回りの急低下によって，PER がこれにとってかわった。

配当利回り

1 株当たり配当 (Dividend Per Share, DPS) を株価で割ったもの。

$$\text{配当利回り} = \dfrac{1 \text{株当たり配当}}{\text{株価}}$$

一般に，配当に比べ株価が相対的に低いほど，つまり配当利回りが大きいほど，その株価は割安と判断される[*]。DDM との対応をみるため，$P = \dfrac{D_1}{k - g}$ を変形すると，

$$\dfrac{D_1}{P} = k - g = k - cr$$

---

[*] 株式を転売しないとした場合の投資利回りに相当することから，定期預金金利との比較で，株式の相対的魅力を表す指標として利用されることもある。

となる。つまり、配当利回りが大きいということは、投資家の要求投資収益率 k と配当成長率 g との差が大きいことになる。k を所与としたとき g が小さいほど株価も安くなり、その結果、配当利回りが高くなる。逆に、g が大きいにもかかわらず、配当利回りが大きい場合、その株式は割安である可能性がある。また、サスティナブル成長率の前提が成立するとき g=cr であったから、利益率 r が高くかつ内部留保率 c が高い企業の配当利回りが大きい場合、その企業の株価は割安である可能性がある。

株価収益率 (Price−Earnings Ratio, PER または P/E)

株価を1株当たり当期純利益 (Earning Per Share, EPS, 当期純利益÷発行済株式数) で割ったもの。

$$\text{PER} = \frac{\text{株価}^{*)}}{\text{EPS}}$$

一般に、PER が低いほどその株価は割安と判断される。DDM との対応をみるため、$P = \frac{D}{k} + PVGO = \frac{X_1}{k} + \frac{c(r-k)X_1}{k(k-cr)}$ の両辺を X_1 (来期の EPS に相当) で割ると、

$$PER = \frac{P}{X_1} = \frac{1}{k} + \frac{c(r-k)}{k(k-cr)}$$

となる。したがって、投資家の要求投資収益率 k が配当成長率 cr より大きく、かつ、

① ROE (r) ＞要求投資収益率 (k) の場合、内部留保率 (c) が大きいほど株価が高くなり、その結果 PER が大きくなる。

② ROE (r) ＜要求投資収益率 (k) の場合、内部留保率 (c) が大きいほど株価は安くなり、その結果 PER が小さくなる。

*) PER の逆数 (＝EPS÷株価) を益利回り (益回り)、「長期債利回り−益回り」をイールド・スプレッドとよび、これらも投資尺度として用いられる。

また，PERは，1株当たり当期純利益（EPS）に対して株価が何倍まで買われているかを示す指標であるとみることもできる。企業は株主のものである以上，配当だけでなく利益はすべて株主のものであるとする立場からは，配当としていくら受け取るかということより，配当として支払可能な利益をどれだけ稼いでいるかということも重要となる。そして，一般に，利益に対する株価の倍率が高い場合，つまりPERが高い場合，その株価は割高であると判断される。

　しかし，PERの大きさは，以上にみたようにROEと投資家の要求投資収益率との大小関係や内部留保率などの影響を受けるため，これらの関係を無視し，PERの大きさだけをもって株価の割高・割安を論じることはできない。すなわち，PERの相対比較による株価評価は，投資家の要求投資収益率（k），ROE（r），内部留保率（c）などの条件がほぼ同じと想定できる場合に限って用いるべきであり，そう前提できない場合には株価の割高・割安判断にPERを濫用すべきでない。

　さらに，会計上の利益であるEPSが実勢を反映していない可能性もある。特に，積極的に設備投資を行う企業は減価償却費が大きくなるため会計上の利益が小さくなる。そのため，他社との相対比較においてPERが高くなり，その企業の株価が割高と判断される可能性がある。しかし，現在の設備投資は将来の利益の源泉であるから，こうした企業の株価を割高と判断するのは誤りである。

　以上の留意点を踏まえ，PERは，k・r・cがほぼ等しいと想定できる自社の過去の値あるいは同業他社の値との相対比較などにおいて，株価の割高・割安判断手段としてよく用いられる。

株価純資産倍率（Price Book value Ratio, PBR）

株価を簿価でみた1株当たり純資産で除したもの。

$$PBR = \frac{株価}{簿価ベースの1株当たり純資産}$$

一般に，PBR が小さいほどその株価は割安と判断される。株価は1株当たり利益配当請求権を根拠に決定されていると考えられ（第1章参照），他方，1株当たり純資産は残余財産分配請求権を根拠にしたものであるから，PBR は企業の存続価値と解散価値とを比較したものということができる。したがって，企業の存続意義の観点からは PBR は1以上であることが望ましいとされる。逆に PBR が1より小さい場合，その企業は保有している資産価値以上の価値を今後生み出さないと市場が評価していることになり，この場合 PBR が小さいからといって株価が割安であるとはいえない。

1株当たり来期純利益 X_1 は1株当たり純資産×ROE であるから，DDM との対応をみるためこれを（7−5）式 $P = \frac{(1-c)X_1}{k-cr}$ に代入して変形すると，

$$\frac{P}{1株当たり純資産} = \frac{r-cr}{k-cr}$$

となる。PBR＞1 のとき r−cr＞k−cr，すなわち r＞k となる。逆に PBR＜1 のとき r＜k となる。

前述したように r＜k のときは，企業は投資をすべきではなく，内部留保を減らして配当を増加させるべきであるが，同時にこのような状況では，PBR が1を下回ることになる。

ただし，ここでの1株当たり純資産は簿価であるため，時価とかい離している可能性もある。企業が保有する資産の時価が簿価より大きい場合，それらから負債を差し引いた純資産は時価のほうが簿価よりも大きくなっているはずである。この場合，PBR の式の分母を1株当たり純資産時価に換えることができたなら，時価評価した PBR は簿価ベースのそれより小さくなっている可能

性がある。逆に，保有資産の不良化などによって資産の時価が簿価を下回る場合，純資産の時価が簿価より小さくなり，PBR は実態（時価の PBR）より大きくなる。したがって，保有資産の時価と簿価とのかい離が大きいと考えられる場合，PBR の利用には注意が必要である。

　以上にみてきたことは，株式市場が効率的で株価が企業のファンダメンタルバリューを正しく反映することを基調としながら，株価が一時的にファンダメンタルバリューからかい離したとき，投資尺度によって株価の割安・割高を判断できると考えている。例えば，収益性（ROE）の高い企業でありながら，株価がファンダメンタルバリュー以下に下落した場合，本来あるべき水準よりも配当利回りが高く，PER および PBR が低くなる。この場合，配当利回りが高い，あるいは PER や PBR が低いことは，正当な価格より株価が割安になっていることを示唆する。しかし，配当利回り・PER・PBR の本来あるべき水準は，$k \cdot r \cdot c$ の違いを反映して企業・業界ごとで異なっているため，株式投資尺度はそれのみで判断するのではなく，自社の過去の値や業界平均との比較を行ったり，他の指標も併用するなど，総合判断のなかで用いられるべきである。

　図表7-1は，三大投資尺度と株価騰落率との関係を示した例で，5本の棒グラフのうち，左側の棒グラフが高い数値を示すほど，割安がその後修正され株価が上昇したという意味で，その投資尺度が有効に機能していることを示す。図からは，PBR と配当利回りは比較的よく機能しているが，PER は機能しているとはいいがたい。ただし，この例では銘柄ごとの $k \cdot r \cdot c$ の違いを考慮していないため，PER の高低だけでその有効性は論じられない。

第7章 株式の理論 —— 193

図表7－1　投資尺度と株価騰落率

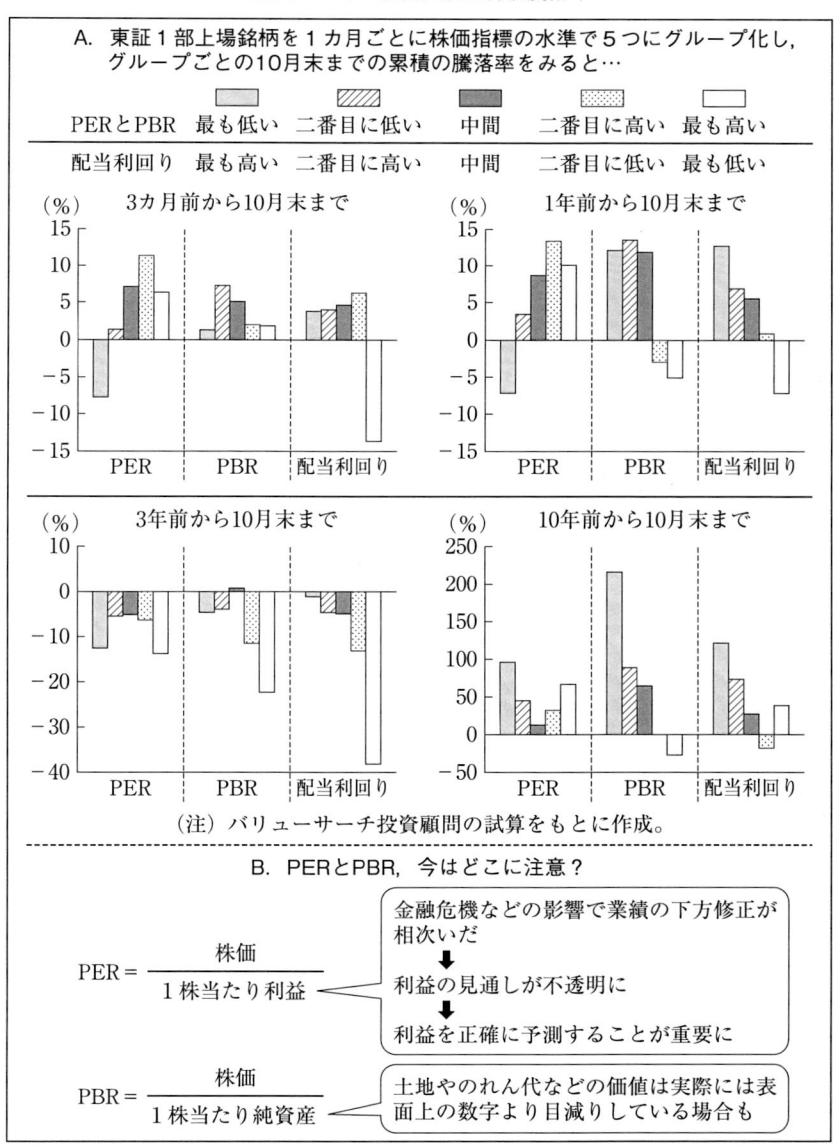

A. 東証1部上場銘柄を1カ月ごとに株価指標の水準で5つにグループ化し、グループごとの10月末までの累積の騰落率をみると…

PERとPBR	最も低い	二番目に低い	中間	二番目に高い	最も高い
配当利回り	最も高い	二番目に高い	中間	二番目に低い	最も低い

（注）バリューサーチ投資顧問の試算をもとに作成。

B. PERとPBR，今はどこに注意？

$$PER = \frac{株価}{1株当たり利益}$$

- 金融危機などの影響で業績の下方修正が相次いだ
- ↓
- 利益の見通しが不透明に
- ↓
- 利益を正確に予測することが重要に

$$PBR = \frac{株価}{1株当たり純資産}$$

- 土地やのれん代などの価値は実際には表面上の数字より目減りしている場合も

出所：日本経済新聞 2008.12.14。

【練習問題 7 − 4】

　ある企業の期初現在の株価は 4,000 円，今期予想 1 株当たり利益を基準にした同社株式の株価収益率（PER）は現在 20 倍である。同社は配当性向を 50％とする配当政策を採用している。同社株式に対する要求収益率は 10％であり，今後も配当政策が変わらないと仮定したとき，自己資本の増加はすべて内部留保によると仮定した場合の定率成長 DDM から，現在の PER は自己資本利益率（ROE）が何パーセントであれば，妥当であるといえるか。

　現在の株価が 4,000 円，PER が 20 倍より，期末の予想 EPS＝4,000/20＝200（円）である。また配当性向が 50％であるから，期末の 1 株当たり予想配当＝0.5×200＝100（円）である。配当成長率は留保率×ROE＝（1 − 配当性向）×ROE＝0.5×ROE であるから，以上を定率成長 DDM の式に代入すると次のようになる。

$$4,000 = \frac{100}{0.1 - 0.5 ROE}$$

これを ROE について解くと，ROE＝15％となる。

INDEX
索　引

＜ A−Z ＞

ROE（自己資本利益率）…………… 182
SPV………………………………………… 18
t 値 ……………………………………… 107
t 分布 ……………………………… 97, 104
　―――表 …………………………… 105
VWAP ………………………………… 37
z 値 ……………………………………… 102

＜ア＞

赤字主体 ………………………………… 22
アクティブ運用 ………………………… 61
アーニング・サプライズ効果 ………… 74
アノマリー（anomaly）………………… 73
アメリカン・オプション ……………… 15
アンカリング …………………………… 78
安全資産 ……………………………… 117
アンダーライター ……………………… 30
アンダーライティング ………………… 44
板寄せ方式 ……………………………… 34
一般担保付社債 …………………………… 5
イミュニゼーション運用 …………… 169
イールド・カーブ（利回り曲線）… 160
イールド競争入札ダッチ方式 ………… 40
ウィークフォーム ……………………… 72
売り気配（ask）………………………… 36
運用実績利回り ………………………… 10
永久債 …………………………………… 4
エキゾチック・オプション …………… 16
オーダードリブン型 …………………… 33
オプション取引 ………………………… 13
　―――の損益線 …………………… 14
オプションの価格 ……………………… 14
オリジネーター ………………………… 18

＜カ＞

回帰係数 ………………………………… 97
回帰パラメーター ……………………… 97
回帰分析 ………………………………… 96

買い気配（bid）………………………… 36
会社型投資信託 …………………………… 8
買取引受 ………………………………… 44
価格競争コンベンショナル方式 ……… 40
格付機関 ………………………………… 40
額面 ………………………………………… 4
　―――株式 ………………………… 27
　―――発行 ………………………… 27
確率変数 ………………………………… 85
過剰反応効果 …………………………… 74
仮説検定 ……………………………… 106
片側検定 ……………………………… 107
株価 …………………………………… 184
　―――収益率（Price-Earnings Ratio,
　PER または P/E）………………… 189
　―――純資産倍率（Price Book value
　Ratio, PBR）……………………… 191
　―――の変動特性 ………………… 85
株式（または株券）……………………… 1
　―――投資信託 …………………… 9
　―――の三大投資尺度 ………… 188
　―――の新規公開（IPO）……… 28
　―――の投資収益率 …………… 181
　―――の理論価格 ……………… 175
　―――発行市場 ………………… 27
　―――持合い …………………… 25
　―――流通市場 ………………… 31
株主権 …………………………………… 2
株主割当 ……………………………… 27
下方信頼限界 ……………………… 112
カレンダー効果 ……………………… 74
間接金融 ……………………………… 22
簡便の意思決定法 …………………… 78
期間構造理論 ………………………… 160
棄却域 ………………………………… 108
議決権（経営参加権）………………… 2
危険資産 ……………………………… 117
期限前行使 …………………………… 15
期限前償還条項 ………………………… 5
基準価格 ……………………………… 10

期待値	87
期待投資収益率（または期待リターン）	87
帰無仮説	106
逆イールド	160
逆張り投資	75
キャッシュフロー	18
共分散	93
金額加重収益率	134
金融債	38
金融デリバティブズ（金融派生商品）	10
区間推定	112
クーポン・レート	4
黒字主体	22
グロース株	73
クロス取引	36
係数推計値の仮説検定	107
係数推計値の区間推定	114
契約型投資信託	7
決定係数	98
気配値	36
原資産	11
────価格	11
権利行使	13
公債	4
行使価格	13
公社債	4
────投資信託	9
更新値幅制限	35
行動ファイナンス	77
公募	27
────価格	29
────債	39
────入札	40
小型株効果	74
国債	4, 38
固定利付債	4
後場	33
後配株	3
固有リスク（アンシステマティック・リスク）	125
コール・オプション	13
コンベキシティ	167

<サ>

債券投資のリスク	163
債券の投資収益率	150
債券の利回り	151
債券の理論価格	146
債券発行市場	39
債券流通市場	41
最終利回り	151
最小二乗法	97
最小分散境界	120
最適ポートフォリオ	123
債務担保証券（Collateralized Debt Obligation, CDO）	19
先物価格	11
先物取引	11
指値注文	33
サスティナブル成長率	181
サービサー	19
サブプライムローン	19
ザラバ	34
────方式	35
残額引受	44
残差	97
────平方和	97
残余財産分配請求権	2
ジェンセンのアルファ	139
────・プライム	138
時間加重収益率	134
自己資本	23
資産担保証券	18
事象	87
市場の効率性	71
市場分断仮説	162
市場ポートフォリオ	127
市場リスク（システマティック・リスク）	125
私設取引システム（PTS：Proprietary Trading System）制度	37
シ団引受	40
実効利回り	153
資本コスト	185
資本資産評価モデル（Capital Asset Pricing Model, CAPM（キャップエム））	127, 130
資本市場線	127
社債	4, 38
────管理者	40
シャープ・レシオ（シャープの測度）	139
従属変数	97
自由度	104
順イールド	160
純資産残高	10
純粋期待仮説	160
順張り投資	75

証券会社·· 44
証券化商品·· 17
証券市場線 (Security Market Line, SML)
 ·· 129, 130
証券特性線 (Security Characteristic Line,
 SCL) ·· 131
証券取引所取引······································· 32
上場基準·· 28
上方信頼限界··· 112
所有期間利回り····································· 151
新株予約権·· 27
────付社債·· 27
信頼区間·· 112
信頼係数·· 112
ストロングフォーム······························ 72
スペシャリスト型··································· 36
スポット型··· 9
スポット・レート································· 155
────を用いた利付債の価格評価 ··· 158
生起確率·· 87
正規分布·· 86
制限値幅·· 35
成長機会の現在価値····························· 185
政府関係機関債······································ 38
セカンダリーマーケット······················ 25
接点ポートフォリオ··························· 122
説明変数·· 97
セミストロングフォーム······················ 72
セリング·· 44
前場··· 33
相関係数·· 94

<タ>

第三者割当·· 27
代表性·· 79
対立仮説·· 106
他社株転換条項付社債 (Exchangeable
 Bond, EB債)···································· 16
多証券ポートフォリオ························ 119
立会外取引·· 36
他人資本·· 23
単位型 (ユニット型)······························ 9
単位株制度·· 32
単回帰··· 96
短期債·· 4
短期投資·· 53
単元株制度·· 32
単元未満株式·· 32
担保付き社債·· 39

単利最終利回り···································· 155
単利所有期間利回り··························· 155
単利利回り·· 153
地方債··· 4, 38
中間発行·· 27
中期債·· 4
抽出データの区間推定······················· 115
中心極限定理·· 99
長期債·· 4
長期投資·· 53
超長期債··· 4
直接金融·· 23
直接利回り (直利)························ 153, 155
追加型 (オープン型)······························· 9
定額配当割引モデル··························· 176
定時償還条項·· 5
定時定型··· 9
低PBR効果·· 74
低PER効果··· 74
定率成長配当割引モデル··················· 177
ディーリング·· 45
適応的市場仮説······································ 75
デュレーション···································· 163
────の性質······································ 165
────の問題点·································· 167
店頭気配値·· 41
店頭市場·· 25, 41
投資可能領域·· 120
投資家の選好·· 120
投資機会曲線·· 118
投資信託··· 7
騰落率··· 10
独立変数·· 97
トストネット (ToSTNeT) 取引 ······· 36
トラッキング・ストック······················ 27
取引所·· 25
────外取引······································ 37
────での約定方式·························· 33
────取引·· 42
トレーナーの測度······························· 141

<ナ>

内部留保率·· 184
成行注文·· 33
2証券ポートフォリオ························ 117
二段階成長配当割引モデル··············· 179
入札方式 (競争入札制度)······················ 29

＜ハ＞

配当性向 … 182
配当利回り … 188
配当割引モデル（DDM） … 69
端株 … 32
始値 … 34
バスケット取引 … 36
発行市場 … 24
パッシブ運用 … 61
初値 … 29
バリュー株 … 73
引受機関（アンダーライター） … 39
引受シンジケート団（引受シ団） … 40
引け … 34
引値 … 34
非公募債（私募債） … 39
被説明変数 … 97
1株当たり当期純利益（Earning Per Share, EPS） … 189
標準正規分布 … 101
────表 … 103
標準偏差 … 89
標本（サンプル） … 98
────標準偏差 … 100
────平均 … 99
フォワード・レート … 155
複利最終利回り … 152
複利所有期間利回り … 152
複利利回り … 151
普通株 … 3, 27
普通債 … 5
ブックビルディング方式（BB方式） … 29
物上担保付社債 … 5
プット・オプション … 13
プライマリーマーケット … 24
ブローキング … 45
プロスペクト理論 … 80
分散 … 89
────投資 … 67
分配型 … 9
分離定理 … 124
平均値の仮説検定 … 111
ベータ・リスク … 130
ヘッジ取引 … 12
偏差 … 89
変動利付債 … 4
母集団 … 99

保証債 … 6
ポートフォリオ … 91
母平均 … 99
────の区間推定 … 113

＜マ＞

マーケット・インパクト … 37
マーケットメイキング型 … 35
マーケットメーカー … 35
マーケット・モデル（市場モデル） … 124
満期一括償還 … 5
無額面株式 … 27
無議決権株 … 3
無差別曲線 … 120
無担保社債 … 39
無分配型 … 9

＜ヤ＞

優先株 … 3, 27
要求投資収益率 … 176
寄付き … 34
ヨーロピアン・オプション … 15

＜ラ＞

利益配当請求権 … 2
リスク … 89
────愛好者 … 120
────回避者 … 120
────中立者 … 120
────調整後のパフォーマンス評価 … 137
────プレミアム … 176
リターン・リバーサル … 74
利付債 … 39
流通市場 … 25
流動性 … 28
────プレミアム仮説 … 161
留保率 … 182
利用可能性（メモリーバイアス） … 79
両側検定 … 107
理論価格 … 146
臨界値 … 108
劣後株（後配株） … 27
劣後債 … 5

＜ワ＞

割引現在価値 … 146
割引債 … 4, 39

《著者紹介》

秋森　弘（あきもり・ひろし）　担当：第1章，第4章～第7章
北星学園大学教授。
一橋大学大学院商学研究科博士課程単位取得退学。
山一証券経済研究所などを経て現職。
日本証券アナリスト協会検定会員。

皆木健男（みなき・たけお）　担当：第2章，第3章
北星学園大学専任講師。
一橋大学大学院商学研究科博士課程修了。
博士（商学）。

（検印省略）

2009年4月25日　初版発行　　　　　　　略称―ファイナンス

ファイナンス入門

著　者　秋森　弘・皆木健男
発行者　塚田尚寛

発行所　東京都豊島区　　株式会社　創　成　社
　　　　池袋3-14-4
　　　　電　話　03（3971）6552　　FAX　03（3971）6919
　　　　出版部　03（5275）9990　　振　替　00150-9-191261
　　　　http://www.books-sosei.com

定価はカバーに表示してあります。

©2009 Hiroshi Akimori,　　組版：ワードトップ　印刷：S・Dプリント
　　　Takeo Minaki　　　　製本：宮製本所
ISBN978-4-7944-2317-7　C3034　落丁・乱丁本はお取り替えいたします。
Printed in Japan

―――― 経営選書 ――――

ファイナンス入門	秋 森 弘 男　皆 木 健 著	2,100 円
図解 コーポレートファイナンス	森　直 哉 著	1,900 円
現代企業のM&A投資戦略	安 田 義 郎 著	3,000 円
財 務 管 理 論	市 村 昭 三 編著	3,786 円
企業財務戦略の基礎	辻　聖 二 著	2,400 円
財 務 管 理 論 の 基 礎	中 垣　昇 著	1,900 円
経 営 財 務 論	小 山 明 宏 著	3,000 円
経 営 財 務 を 知 る 本	中 井　誠 著	1,700 円
すらすら読めて奥までわかるコーポレート・ファイナンス	内 田 交 謹 著	2,800 円
企業財務の機能と変容	内 田 交 謹 著	2,600 円
経 営 分 析 と 企 業 評 価	秋 本 敏 男 著	2,800 円
経 営 分 析 ミ ニ 辞 典	秋 本 敏 男 著	900 円
CSRとコーポレート・ガバナンスがわかる事典	佐久間 信 夫　水 尾 順 一　水谷内 徹 也 編著	2,200 円
現 代 経 営 組 織 辞 典	小 林 末 男 監修	2,500 円
新 ・ 経 営 行 動 科 学 辞 典	高 宮 晋　小 林 末 男 監修 責任編集	6,602 円
人 的 資 源 管 理 論	鈴 木 好 和 著	2,000 円
転職とキャリアの研究 ―組織間キャリア発達の観点から―	山 本　寛 著	3,000 円
昇 進 の 研 究 ―キャリア・プラトー現象の観点から―	山 本　寛 著	3,200 円
組織のイメージと理論	大月博司・藤田誠　奥村哲史 著	2,900 円
共生マーケティング戦略論	清 水 公 一 著	4,150 円
広 告 の 理 論 と 戦 略	清 水 公 一 著	3,800 円

（本体価格）

―――― 創 成 社 ――――